Cómo Gestionar en Tiempos de Crisis

"La Metodología Adizes le permite a las personas ordinarias realizar cosas extraordinarias"

Dr. Ichak Kalderon Adizes

OTRAS OBRAS DEL AUTOR

Ciclos de Vida de la Organización: Cómo y Por Qué Crecen y Mueren las Organizaciones y Qué Hacer al Respecto.

Dominando el Cambio: El Poder del Respeto y Confianza Mutua.

Cómo Evitar la Incompetencia Gerencial.

The Ideal Executive: Why You Cannot Be One and What To Do About It: A New Paradigm for Management.

Management/Mismanagement Styles: How to Identify a Style and What to Do About It

Leading the Leaders: How to Enrich Your Style if Management and Handle People Whose Style is Different from Yours

Para ver la lista completa de todas las publicaciones del Instituto Adizes, o para hacer un pedido, por favor visite: www.adizesbookstore.com

Título Original: How to Manage in Times of Crisis

Traducido al Español por Humberto Padilla, Adizes Guadalajara.

Publicado por

Adizes Insitute Publications

1212 Mark Avenue

Carpinteria

Santa Barbara County, California, USA 93013

ISBN: 978-1-952587-55-9

Impreso en México United States of America

AGRADECIMIENTOS

Quisiera agradecer a mis asociados Nebojsa Caric (Adizes Europa Sureste), Sunil Dovedy (Adizes USA) y Carlos Valdesuso (Adizes Brasil) por sus comentarios tan provechosos acerca del primer borrador. Mis agradecimientos a Nan Goldberg pero editar mi discurso y a Emily Garvin por editar el borrador final.

RECONOCIMIENTOS

La presente es una versión editada de la presentación hecha en el IBS – la Academia de Economía de la Federación Rusa - el 14 de noviembre del 2008. El Dr. Adizes es consejero científico honorario del IBS del cual recibió un doctorado honorario en el 2007.

La crisis es la mejor bendición que puede

sucederle a personas y países, porque la crisis trae progresos.

La creatividad nace de la angustia como el día nace de la noche oscura.

Es en la crisis que nace la inventiva, los descubrimientos y las grandes estrategias.

Quien supera la crisis se supera a sí mismo sin quedar superado.

Quien atribuye a la crisis sus fracasos y penurias, violenta su propio talento y respeta más a los problemas que a las soluciones.

La verdadera crisis, es la crisis de la incompetencia.

El inconveniente de las personas y los países es la pereza para encontrar las salidas y soluciones. Sin crisis no hay desafíos, sin desafíos la vida es una rutina, una lenta agonía.

Sin crisis no hay méritos. Es en la crisis donde aflora lo mejor de cada uno, porque sin crisis todo viento es caricia.

Hablar de crisis es promoverla, y callar en la crisis es exaltar el conformismo. En vez de esto, trabajemos duro.

Acabemos de una vez con la única crisis amenazadora, que es la tragedia de no querer luchar por superarla.

– Albert Einstein

INTRODUCCIÓN A LA EDICIÓN 2020

La humanidad se encuentra frente a un reto mayor con el Nuevo Coronavirus (COVID-19). Se estima que hasta 60 millones de personas podrían morir. Los sistemas de salud podrían colapsar. Además de las víctimas, los científicos predicen que cientos de millones podrían enfermar, dejando de ser productivos mientras se recuperan.

No se necesita ser un científico nuclear para darse cuenta de que una oleada de personas enfermas, colapsará los sistemas de salud, y causará una disminución en el consumo en general; las fábricas no podrán producir, las compañías logísticas no podrán entregar, y conforme se reducen los ingresos las compañías tendrán que despedir a una parte de su fuerza laboral. Todos estos cambios causarán que una crisis de salud se convierta en una crisis también económica, llevándonos a una recesión y predeciblemente a una depresión.

Conforme el desempleo crezca y las personas de nivel socioeconómico más vulnerable sufran por una falta de ingreso, habrá una inquietud por parte de la gente que hará que la crisis de salud y económica ahora también sea una crisis social. Estas inconformidades obligarán a los gobiernos a tomar acciones de intervención y regulación que, para personas de ideas liberales, podrían parece anti-democráticas y autoritarias, rayando en una dictadura. Lo anterior hará que la crisis de salud, económica y social también sea una crisis política. En otras palabras, el año 2020 será recordado y estudiado por generaciones de sociólogos, investigadores médicos, políticos y personas comunes.

La pregunta que debe ocuparnos como líderes de compañías es: ¿Qué debe hacer una compañía ante un escenario tan sombrío? De eso se trata este libro. Espero que le sea de utilidad. Este libro, sin embargo, no contiene la solución. Contiene estrategias.

Espero y rezo para que esta gran crisis que estamos experimentando nos llame a un cambio de paradigma en la manera en la que trabajamos y administramos, la manera en la que nuestros sistemas económicos y políticos operan y como podemos ser más humanos y dejar de ser organismos que persiguen dinero, destruyendo en el proceso el ambiente físico y social en el que vivimos.

Cordialmente

Dr. Ichak Kalderon Adizes

TABLA DE CONTENIDO

ACTUALMENTE, EN EL 2009, el mundo se encuentra en un a crisis financiera profunda. Afecta a todos, en particular a las compañías que estén atravesando una etapa de transformación hacia una economía cada vez más competitiva y que experimenten continuos cambios, tanto económicos, políticos como tecnológicos: compañías que dependen del acceso al crédito para poder seguir desarrollándose.

En general, a la gente no le gustan las crisis. Aunque el significado de la palabra "crisis" en el diccionario sea un punto de inflexión que causa un cambio decisivo - para bien o para mal – la palabra comúnmente tiene una connotación negativa. Cuando la gente escucha la palabra "crisis", automáticamente asumen que es un desastre. La mayoría de la gente le tiene pavor a las crisis y esto aplica aún mas a los dirigentes de organizaciones, quienes tienen que preocuparse de proteger la existencia de su organización.

Pero no tiene que ser así. He aquí por qué.

Permitámonos empezar con esta analogía. Probablemente recuerde que cuando era un niño, sus padres le dijeron, "¡No salgas al frío después de haber tomado un baño con agua caliente! ¡Te vas a enfermar!". Bueno, siempre me he preguntado por que yo me enfermo cuando salgo al frío con el pelo mojado, mientras que en Finlandia y en Rusia la gente sale del sauna, sudada, y salen a rodar en la nieve. ¡Les hace sentir vigorizados! Alguna gente en Siberia, incluyendo los adultos mayores, cavan un hoyo en el hielo que cubra algún lago o río y se meten a nadar en el agua helada – y ellos también se sienten vigorizados! Si yo hiciera eso, probablemente contraería neumonía y moriría.

¿Por qué la diferencia?

De lo que tenemos que darnos cuenta es que no es el frío lo que nos enferma. Es el cambio repentino de lo caliente a lo frío. Pero eso aún no explica por qué la gente en Finlandia se vigoriza por el cambio rápido de caliente a frío, mientras al mismo tiempo a mí me enferma.

Se trata de la fortaleza, o la falta de ella, de su organismo. Si su organismo es robusto, los cambios le harán más fuerte. Pero si es débil, el cambio le puede matarle.

Este fenómeno no sólo aplica a las personas, si no a las organizaciones también. Las organizaciones que están preparadas para lidiar con el cambio se vigorizan por el mismo. Aquellas que no lo estén se enferman y se ponen en riesgo de bancarrota.

¿Qué significa tener un "organismo fuerte"? ¿Significa tener grandes músculos? No. Significa que el organismo es lo suficientemente fuerte para tratar con el cambio.

Para poder comprender lo que significa el tener una organización capaz de gestionar el cambio, debemos primero discutir cómo el cambio causa las "enfermedades" organizacionales. Por medio de entender las causas de los problemas creados por el cambio seremos capaces de identificar el remedio apropiado.

El cambio no es nada nuevo. El cambio ha estado aquí desde siempre, por billones de años. Lo que es nuevo es que el ritmo de cambio está acelerando, cada vez más y más rápidamente… Nuestros abuelos probablemente hicieron una decisión estratégica a lo largo de sus vidas (mudarse de ciudad, cambiar de trabajo, etc.), y nuestros padres cada quince o veinte años. Nosotros probablemente hacemos decisiones estratégicas cada diez años, y lo más probable es que nuestros hijos las harán cada par de años, a lo mejor cada año.

LA NATURALEZA DEL CAMBIO Y SUS REPERCUSIONES

EL CRECIENTE RITMO de cambio tiene repercusiones. Cuando sucede el cambio, nacen problemas: qué hacer en la nueva situación o con los nuevos eventos que están delante de nosotros. A medida que el cambio acelera, los problemas nos atacan más rápido. Todo mundo tiene más problemas de los que puede gestionar. La gente se está quedando atrás cada vez más rápido y cada vez se estresan más y más.

Pero cuando solucionamos el problema, qué sucede? La solución por si misma es una causa de cambio, que a su vez crea nuevos problemas. Entonces, entre más problemas solucionamos – ¿Adivine? – más problemas tenemos. El resultado final es que siempre tendremos problemas.

¿Por qué no podemos dejar de tener problemas? La gente a menudo tiene la expectativa de que si tan sólo siguiera este sistema, si tan sólo siguiera esta religión, si tan sólo siguiera este libro, si tan sólo siguiera esta ideología – si tan sólo hicieran esto o aquello – ya no tendrían más problemas. Esa es la promesa de todas las religiones y de todas las ideologías políticas.

Pero es utópico. La verdad es que usted sólo podrá dejar de tener problemas cuando no haya más cambio. Y eso significa es usted estará…muerto. ¡Muerto! Piénselo: el lugar más callado es el cementerio. Ahí no sucede nada. Estar vivo, por definición, significa tener problemas. Si usted no tiene problemas, no se preocupe, vienen en camino. La vida es problemas. ¿Por qué? Porque el cambio crea problemas y el cambio es vivir. (Una búsqueda de Google produjo 3.8 millones de resultados para la expresión "La vida es una perra y después te mueres.") Sólo cuando no haya vida no habrá cambio y sólo entonces no tendremos problemas. O por lo menos eso es lo que pensamos – dado que hasta ahora nadie ha regresado de la muerte que nos haya dicho lo contrario.

Los problemas vienen con el territorio que se llama vivir y entre más rápido sea el ritmo de cambio en su vida o en su compañía, más problemas tendrá.

Entonces, su primer valor para llevar es:

Si tiene problemas, relájese! Está en una

buena compañía. Usted está vivo Y si usted piensa que no tiene problemas, entonces su más grande problema puede ser que no reconozca sus problemas.

Alguna vez tuve un cliente en el negocio del software. La compañía creció muy rápidamente: 100 por ciento al año. Cuando sus gerentes se quejaron conmigo de todos los problemas que tenían, les pregunté, "¿Qué esperaban?. Con ese ritmo de crecimiento, y por ende de cambio, deben de tener muchos problemas. Eso es normal."

Es normal tener problemas. Ya hemos cubierto eso. Pero cuando no puedes gestionar un problema causado por el cambio - ¡Ahá! – ahora tiene un problema que es anormal. Y si no soluciona los problemas anormales, al pasar el tiempo se pueden volver problemas fatales. Eso es lo que les está pasando a las grandes compañías automotrices de Detroit. Han sido tan lentas en responder a las necesidades del mercado, durante tanto tiempo, que ahora ningún préstamo ni ninguna donación los puede salvar. ¿Por qué? Porque ya no están tratando con problemas normales. Ahora parece que están tratando con problemas fatales.

Los problemas cambian su severidad con el tiempo. Pero el tener problemas más grandes no significa necesariamente que la situación sea peor.

Un año mande una tarjeta de felicitaciones a todos mis clientes deseándoles un feliz un productivo año nuevo. Mi deseo fue:

> *"Que tengan problemas* **más grandes** *en el próximo año que los que tuvieron durante este..."*

En la parte inferior de la tarjeta se podía leer en letras pequeñas:

"...que puedan gestionar exitosamente."

Usted es tan grande como los problemas que pueda gestionar. Lo que significa que tener problemas más grandes no es un signo de estar muriendo, es un signo de crecimiento. Asumamos que este año usted encara el problema de cómo vender exitosamente su producto regionalmente. Algunos años después, tiene un problema más grande, cómo vender a nivel nacional; aún después, tiene mayores problemas al dirigir una compañía internacional; y eventualmente se encuentra con el problema de cómo convertir una compañía internacional en una multinacional bien dirigida.

Los problemas se hacen más grandes, pero es porque usted está tomando tareas más grandes también. Usted está creciendo.

Cuando tenga problemas cada vez más pequeños, significa que su fuerza se está disminuyendo. Usted está envejeciendo.

Claro es, que cuando tenga problemas cada vez más grandes que no pueda gestionar, significa que está muriendo.

¿Cuando hay cambio, es usted capaz de lidiar con él? La manera como le afecte el cambio depende de usted. Si usted puede lidiar con los problemas exitosamente, ya no son problemas. Son oportunidades, porque, en realidad, cada problema también es una oportunidad.

¡En el lenguaje chino, la palabra "problema" y la palabra "oportunidad" son una y la misma! No hay diferencia. ¿Acaso no hace sentido? ¿Cuál es su oportunidad? El problema de su cliente o el de su competencia. Para ellos es un problema, pero para usted es una oportunidad. ¿Y cuál es la oportunidad de su competidor? Su problema, el cual lo saben atender mejor de como usted lo hace.

¿Pero por qué querría usted hacer su problema una oportunidad para alguien más? ¿Por qué no hace de su problema su propia oportunidad?

Por favor note; Que el cambio se trasforme en problema o en oportunidad, depende de lo que usted haga con él. Es como si la nueva situación le preguntara: "¿Quiere que yo sea un problema o una oportunidad? Usted decide. Si no hace lo que debe hacer, seré un problema. Si reacciona apropiadamente, seré una oportunidad. ¿Qué quiere que sea?"

DEFINICIÓN DE UNA "CRISIS"

HASTA AHORA hemos hablado acerca de "problemas" causados por el cambio. ¿Qué hay de las "crisis"?

Henry Kissinger alguna vez dijo que un problema que no sea tratado es una crisis esperando. ¿Hace sentido, acaso no? Por ejemplo, la crisis financiera mundial en la que estamos no nació la semana pasada o el mes pasado. Empezó con problemas que fueron dejados sin tratar a través del tiempo. Los problemas son como las sombras: Si se voltea y las persigue, se alejan de usted. Pero si usted se aleja de ellas, lo persiguen y tarde o temprano lo alcanzan. En otras palabras, si ignoramos nuestros problemas o no los solucionamos lo suficientemente rápido, crecerán y crecerán hasta que eventualmente se vuelvan crisis.

Las crisis tienen las mismas características que los problemas causados por el cambio, a excepción de que son más agudas – un cambio más intenso con implicaciones más profundas para la organización. Los débiles morirán más rápido. Para tener éxito, necesitaremos actuar mejor y más rápido.

Entre más tardemos en atender a un problema, más altas serán las probabilidades de que se convierta en una crisis, y en este caso tendremos que ser reactivos. Es como conducir hacia delante mientras ve a través del espejo retrovisor.

Nótese que el cambio que está causando la crisis afecta también a su competencia, no sólo a usted; entonces, todos tienen el mismo problema y todos reciben la misma oportunidad. ¿Quién sobrevivirá? Aquellos quienes sean más capaces de adaptarse al cambio. Las crisis harán que los débiles mueran más rápido y que los fuertes se hagan aún más fuertes. Por lo que la llave para hacer de una crisis una oportunidad, es ser fuerte antes de que la crisis se desarrolle. Entonces, mientras los débiles mueren, su fortaleza lo sostendrá y probablemente hasta aumente.

Por favor téngase en cuenta: Ya que los problemas son oportunidades y ya que las crisis son problemas más agudos, por ende es que una crisis es también una oportunidad más acentuada.

¿Ahora, qué significa gestionar los problemas y las crisis mejor que su competencia? ¿Cómo puede una compañía explotar las oportunidades cuando siente que está hasta las narices de problemas por la crisis?

No se desespere. La ayuda viene en camino. Siga leyendo.

LA IMPORTANCIA DE REACCIONAR A TIEMPO

DOS HOMBRES FUERON a un safari a pié en África. Mientras iban caminando, vieron que un león se acercaba. Uno de ellos inmediatamente se empezó a poner los tenis. Su compañero, sorprendido, le preguntó, "¿Por qué te estas poniendo tus tenis? ¡No puedes ganarle corriendo a un león!" El primero le contestó, "No estoy tratando de correr más rápido que el león; estoy tratando de correr más rápido que tú!"

¿Qué tan rápido *eres* con los pies? ¿Qué tan rápido *puedes* cambiar?

Hace algunos años, hice un trabajo de consultoría para Porsche. Peter Schultz, el entonces presidente, quien por cierto se convirtió en un gran amigo mío, me dijo una historia muy interesante:

Tan rápido como fue nombrado presidente de Porsche SE, fue a visitar a todos los diferentes departamentos para presentarse personalmente. Mientras pasaba por ahí, les preguntó al departamento de ingeniería, "¿Competimos (Porsche) en Le Mans?" (Le Mans es un evento de carreras automovilístico famoso mundialmente.) "¡Oh, no!" respondió el staff de ingeniería. "No competimos en Le Mans; está muy por encima de nosotros."

Schultz tomó una decisión ahí mismo para demostrar su liderazgo. Él dijo, "Somos una compañía de autos deportivos, entonces competiremos en Le Mans el próximo año. Les estoy dando, departamento de ingeniería, el reto de competir y confío en ustedes para ganar la carrera el próximo año."

Los ingenieros tomaron sus órdenes seriamente. Trabajaron día y noche para desarrollar el motor, el diseño del carro y probarlo. Fueron a Le Mans, compitieron y ganaron.

Hubo una gran celebración. Estaban muy contentos, pero fue por poco. El comité de carreras de Le Mans inesperadamente cambió las reglas para la carrera del próximo año, lo que significaba que los ingenieros de Porsche tendrían que empezar de nuevo para diseñar y probar un nuevo auto.

Los ingenieros estaban desmoralizados. Pero Schultz estaba profundamente animado. "¡Deberíamos estar contentos de que hayan cambiado las reglas!" dijo. "No las cambiaron sólo para nosotros; las cambiaron para todos. ¿Quién ganará esta vez? ¿Quién tendrá éxito? La respuesta es: aquellos que sean mejores y más rápidos manejando el cambio. Y los débiles sólo perderán."

Su próxima, y muy sencilla frase se ha convertido en uno de mis mantras de la gestión: "¡Si no hay cambio, los mediocres alcanzan!"

Permítame repetir: Si no hay cambio, los mediocres alcanzan. Aprenden de los ganadores y eventualmente ganan las competencias que usualmente usted ganaba. Pero si usted es fuerte, el cambio le da la oportunidad de moverse hacia delante y de dejar atrás a la competencia. ¡Si usted es fuerte, una crisis puede ser su aliado!

Valor para llevar No. 2:

Las crisis son buenas para los líderes y las compañías excelentes – aquellos que pueden gestionar el cambio exitosamente - por que en una crisis, sus competidores más débiles mueren, les dejan el mercado a ellos.

Un elemento de ser "fuerte" es que usted pueda hacer cambios adecuados en su organización. No es un avión de carga que necesita cinco millas para dar una vuelta; usted es una lancha, que puede dar vuelta instantáneamente.

En otras palabras, necesitamos ser más ágiles, cambiar más rápidamente que nuestra competencia – o por lo menos tan rápido como esté cambiando el mercado.

¿Cómo?

Muchos libros de administración hablan acerca de adaptarse al ambiente cambiante. Adaptarse, para mí, significa ser reactivo: usted espera hasta que sabe lo que está pasando y entonces se adapta. Funciona si el cambio es lento. Pero si el cambio es rápido, adaptarse puede ser demasiado tarde. Para cuando usted se adapte, el ambiente ya habrá cambiado otra vez. Siempre estará atrás y por ende fuera de contacto con su mercado.

¿Ha tratado alguna vez de jugar tenis siendo reactivo, yendo por la pelota una vez que haya tocado el suelo? No alcanzará a devolver muchas pelotas, acaso sí? Necesita predecir a dónde va la pelota y posicionarse proactivamente en la cancha. Es lo mismo para las compañías. La manera de "permanecer en el juego" y de ganar es de ser mejor en pro-actuar al cambio.

Si un problema no atendido es una crisis en espera, entonces podemos asumir que si tratamos exitosamente los problemas emergentes proactivamente, no se transformarán en crisis.

Valor para llevar No. 3:

Si tratamos nuestros problemas proactiva y efectivamente, sobreviviremos mejor que si reaccionamos a ellos.

Ahora, asumamos que la compañía desea actuar – ya sea proactivamente, o si ya es demasiado tarde para hacerlo de esta manera, reactivamente. ¿Qué, exactamente, debemos de hacer?

Para contestar a esta pregunta, permitámonos analizar por qué el cambio da a luz a los problemas o a las oportunidades. El entender la causa nos ayudará a encontrar el remedio.

POR QUÉ CAUSA PROBLEMAS EL CAMBIO

TODO ES UN SISTEMA. Todo. Hasta usted como persona, es un sistema. El universo es un sistema también. Si usted es un astro físico, entenderá el sistema que determina cómo las estrellas se mueven o se relacionan unas con otras.

Cada vez que usted tenga un sistema, por definición tiene un set de subsistemas que conforman el sistema. Y cada subsistema tiene sus propios subsistemas, y así hasta el infinito.

Cuando hay cambio, los subsistemas no cambian en sincronía. Algunos cambian más rápido que otros. Eso crea huecos. Esos huecos son manifestados por lo que llamamos "problemas". Si no tratamos esos huecos a tiempo, los problemas se vuelven crisis.

Déjeme ilustrar con un ejemplo. Tomemos a la persona, y después lo extrapolamos a empresas y posteriormente a una sociedad. Como persona, usted es un sistema compuestos de muchos, muchos subsistemas. Una manera de identificar los subsistemas es como un ente físico, un ente intelectual, un ente emocional y un ente espiritual.

Todos estos aspectos separados no cambian necesariamente al mismo ritmo. Digamos que usted tiene 47 años de edad, y su cuerpo – su subsistema físico - funciona aproximadamente como una persona normal de 47 años.

Pero mientras usted tiene 47 años físicamente, puede que tenga 70 años intelectualmente. ¿Cómo? Su educación y experiencia en el mundo son más sofisticadas que aquellas de una persona promedio de 47 años de edad. Es más sabio que los de su edad. La gente dice a menudo de usted, "Tiene una vieja y sabia alma."

Y mientras tiene 47 años físicamente y 70 intelectualmente, emocionalmente puede que sea todavía un adolescente: "¿Cuándo vas a crecer? ¡Suficiente con este comportamiento de adolescente!" puede que se queje su esposa.

Al mismo tiempo que tiene 17 años emocionalmente, 47 físicamente y 70 intelectualmente, es posible que espiritualmente no haya nacido aún.

Esto crea problemas. ¿Por qué? Porque no está en sintonía. Sus subsistemas no están alineados. Usted como persona se esta desintegrando. Se está separando. A pesar de su inteligencia y sabiduría, usted se comporta como un niño. La gente concluye, "¡No ha madurado!"

Lo mismo es verdad para una compañía. Por ejemplo, en una empresa joven, marketing y ventas cambian muy rápido, respondiendo a los cambios del mercado. ¿Por qué? Porque necesitan clientes. Harán lo que sea necesario por un cliente. Si su cliente quiere ir a la izquierda, irán hacia la izquierda; si su cliente prefiere ir a la derecha, entonces la derecha es el camino a seguir. Necesitan el dinero, por lo que siguen al mercado.

Mientras marketing y ventas son muy flexibles y cambian velozmente, contabilidad usualmente se queda en la Edad de Piedra. Cambian muuuy leeento. Y la función de recursos humanos escasamente existe. Eso crea problemas para la compañía, y si la compañía no atiende esta creciente desintegración, las consecuencias vendrán.

Con la desintegración esparciéndose, entre más rápido crezca la compañía a nuevos mercados y con nuevos productos, menos información tendrán los directivos; trabajarán cada vez más en la oscuridad. Con información equivocada e incluso incompleta, el equipo gerencial puede, y a menudo toma, malas decisiones con resultados financieros desastrosos. Las ventas pudieran ir creciendo mientras las ganancias disminuyendo, y el equipo gerencial ni siquiera sabrá por qué. Y debido a que las consideraciones de recursos humanos no han sido tomadas en cuenta, la compañía sigue contratando mañana la gente que necesitaban ayer. El staff no está preparado, las tareas no son delegadas y los varios departamentos no se comunican. Los subsistemas de esta compañía están avanzando a velocidades diferentes, y debido a que la gerencia está ocupada enfocándose únicamente en el mercado e ignorando los otros subsistemas, la compañía está desarrollando muchos problemas y probablemente no los atenderá hasta que se conviertan en crisis. Y eso es sólo una cuestión de tiempo.

Es de la misma forma para un país. En los Estados Unidos, por ejemplo, el subsistema económico/financiero está cambiando rápido y el subsistema tecnológico aún más. Hoy en el siglo XXI, hay actualmente más científicos vivos que todos los que han existido en el resto de la historia. Más innovaciones se han hecho en el siglo XX que en la historia acumulada de la civilización . Estamos cambiando muy, muy rápido.

Sin embargo, mientras la tecnología cambia muy rápido al igual que la economía, nuestros valores cambian lento. Eso crea problemas sociales y políticos. Vivimos en una sociedad tecnológica, un término que el filósofo Jacques Ellul acuñó ya en 1949, pero nuestros sistemas de valores todavía corresponden a los de un pasado distante. Tenemos bombas atómicas pero peleamos las guerras acorde a los valores similares a aquellos del hombre primitivo.

El cambio causa desintegración. Y mientras más extremo sea el cambio, más rápido las cosas se desintegrarán. Muéstreme una casa en la playa, donde el clima cambie frecuentemente de un extremo a otro y le enseñaré una casa que se está desgastando más rápido de lo normal. Necesita actuar proactivamente aún más. Necesita hacer más mantenimiento preventivo que lo usual, y si no ha hecho ninguno, entonces tendrá una crisis: la casa se tornará inhabitable.

LA DESINTEGRACIÓN ES UNIVERSAL E INEVITABLE

NO ESTAMOS aquí hablando únicamente de los negocios. Todos los problemas están causados por la desintegración. Cuando tiene un problema – cualquier problema – algo se está desintegrando. Si tiene algún problema físico, necesita ir al doctor: algo en su cuerpo no está bien. Si tiene problemas psicológicos, algo en su vida emocional se está desintegrando. Si tiene problemas familiares, algo se está cayendo en su familia. Si su carro no esta funcionando como debería, necesita llevarlo al mecánico: algo se desintegra.

Cuando estamos preocupados de algo o de alguien, ¿qué decimos? "Esta persona no está bien." "Esta familia se esta distanciando." "Esta compañía está desintegrándose." "Este país está cayéndose." Todas son expresiones que denotan desintegración.

Entre más rápidos sean los cambios, más rápida será la desintegración y mas problemas tendrá.

He notado algo muy interesante: entre más alto sea el ritmo de cambio en un país, o hasta en una ciudad o región, más alto es el índice de divorcio. Las familias se desintegran.

¿Por qué tantas familias se separan y terminan divorciándose en los tiempos de crisis? Porque en los tiempos de crisis tienen que solucionar los problemas rápida y racionalmente, y no siempre están preparados para poder hacerlo.

Primero, tienen que decidir qué hacer. Aquí es cuando aparecen las diferencias de estilo. Uno piensa de esta manera; el otro piensa de esta otra, etc. Hay diferencias en las necesidades y en los intereses que necesitan también ser manejados. El resultado es mucho estrés debido a que esas diferencias deben de ser atendidas bajo presión, lo que a su vez incrementa más el estrés y por lo tanto el dolor.

Los países se dividen, mientras que las fuerzas del cambio permanecen y causan una rápida desintegración. Cualquiera que sea el sistema del que hablemos – usted como ser humano, familia, negocio o sociedad – los mismos principios aplican.

Tome la crisis financiera que inició en los Estados Unidos en el 2008. ¿Qué sucedió? Durante la década previa, por lo menos, mucha gente adquirió hipotecas superiores a sus medios, creyendo que el valor de sus casas continuaría subiendo y por ende justificando el riesgo que estaban tomando. Los bancos dieron esas hipotecas bajo los mismos supuestos y entonces juntaron ("aseguraron") muchos de estos prestamos en paquetes y los vendieron en la bolsa de valores. Los compradores de esos paquetes aseguraron el portafolio de hipotecas contra incumplimiento de pago. Las compañías aseguradoras tomaron un riesgo calculado por una fuerte prima y probablemente se re-aseguraron ellos mismos.

Todo parece bien, verdad?

Lo que realmente estaba sucediendo, sin embargo, era una desintegración de cómo el riesgo estaba siendo manejado. Antes, el riesgo era tomado sólo y únicamente por el banco; ahora el riesgo esta compartido por el prestatario, el banco, los inversionistas de la bolsa de valores y las compañías aseguradoras. Cuando el riesgo migró y se dividió en componentes múltiples, nadie pudo ver la imagen completa, mucho menos mantenerla bajo control. El sistema crediticio se desintegró.

"MENTIRAS, MENTIRAS MALDITAS Y ESTADÍSTICAS"

RECUERDO HABERLE PREGUNTADO a un banquero hace algunos años, "¿Cómo puede vender hipotecas aseguradas? ¿Cómo puede saber qué tan buenas es la gente?" Fue claro para mí que era imposible para la gente que compraba hipotecas aseguradas estimar cuanto riesgo estaban tomando, porque no había manera de saber qué tan seguras eran las hipotecas hasta que estuvieran pagadas.

El banquero dijo: "Las checan; hacen muestreo."

Bien, como el famoso dicho de Mark Twain, "Hay tres tipos de mentiras: las mentiras, las mentiras malditas y las estadísticas."

Las estadísticas pueden ser manipuladas de infinitas maneras. Aún si se hace un chequeo y un muestreo, no se puede saber si las condiciones pasadas continuarán vigentes en un futuro, o por cuánto tiempo seguirá creciendo la economía y por tanto tampoco se sabe cuando vendrá el declive.

Cuando la burbuja del mercado de las casas reventó y los precios de las mismas se desplomaron, hubo un efecto dominó: todos aquellos paquetes de hipotecas de momento se reconocieron en estado de riesgo y nadie tenía los recursos necesarios para cubrir el riesgo.

En mi opinión, no fue la ambición lo que causó la crisis. Es de hecho la ambición lo que alimenta la economía: sin ambición, la gente no trabajaría duro para construir activos ni construir imperios. Así que no deberíamos denigrar la ambición. Por otro lado, en una economía competitiva los líderes que son menos "ambiciosos" son despedidos si no toman cualquier oportunidad para generar dinero para sus compañías.

> *Valor para Llevar No. 4:*
>
> *Todos los problemas son causados por la desintegración, la cual es causada por el cambio. Una crisis es una manifestación de una desintegración prolongada que aún no ha sido tratada.*

Creo que lo que causó la crisis fue un cambio en los instrumentos y en la estructura de los mercados financieros. Los cambios causaron desintegración, la cual no fue atendida a tiempo. ¿Por qué? Porque no había precedentes que pudieran haber alertado a aquellos al mando de que algo se necesitaba hacer proactivamente.

Entonces, lo que pudo haber sido un problema normal se convirtió en anormal y eventualmente en una crisis.

Cuando llevamos el auto al mecánico para un diagnóstico, ¿qué es lo que el mecánico va a buscar? ¡Cualquier cosa que se esté desintegrando! ¿Y cómo lo repara? ¡Lo vuelve a integrar! ¿Qué se supone que hace un doctor con los problemas que le presenta? ¡Integrarle! Nótese que los verbos "sanar" e "integrar" vienen de la misma raíz. Es por eso que los psicólogos dicen "la desintegración o enfermedad" y en inglés, por lo menos, cuando elogiamos a alguien, que decimos? "¡Esta persona lo tiene todo bajo control!" Cuando admiramos a una familia, decimos "¡Wow! ¡Esta familia tiene todo junto!" O hasta decimos "Este país tiene todo junto" (está unido).

EL REMEDIO

¿CÓMO HACEMOS para tener todo junto? Si el cambio causa desintegración y la desintegración es la causa de los problemas, cual es la solución?

Integración.

Las organizaciones que están bien integradas resistirán mejor la tormenta que aquellas que se están ya desintegrando. Una familia unida resistirá mejor una crisis que aquella que es disfuncional desde el inicio.

¿Pero cómo conseguimos la integración?

La manera más efectiva de hacerlo, la que le da el primer lugar, es integrar proactivamente, no reactivamente. Otra manera, menos exitosa – el segundo lugar – es integrar reactivamente, después de que el problema haya aparecido en el radar. El premio de consolación va para quienes ignoran el problema – aunque esté parpadeando en el radar y pidiendo atención a gritos – hasta que sea una crisis, y entonces, sólo entonces, comienzan a atenderlo. Finalmente, ningún premio va para quienes se paralizan, no hacen nada, permitiendo que la crisis se apodere de la organización y que cause su muerte.

Ya sea que actúe proactiva o reactivamente para lograr la integración, tiene que hacer lo mismo. La diferencia está en la prontitud con la que se actúe y el grado de complejidad al que se enfrente. Entre más se tarde en atender la desintegración, más probabilidad de tener que gestionarlo "bajo fuego" y tanto más complejo será el tratamiento necesario. Entre más espere, más subsistemas se verán envueltos y más complejo se volverá el problema por sí mismo.

> *Valor para Llevar No. 5:*
>
> *El tratamiento para la desintegración es la integración, y la integración se logra mejor cuando se hace proactivamente, por medio de aprender a predecir los problemas y solucionarlos antes de que se conviertan en crisis*

El tratamiento es buscar aquello que se esté separando o que no esté trabajando bien y descubrir cómo integrarlo efectiva y eficientemente. La gerencia debe cambiar y sincronizar proactivamente los subsistemas. Eso es lo que hace fuerte a una organización.

El ser proactivo es la mejor solución, porque si usted está listo para un problema, entonces deja de ser problema. Se vuelve una tarea, un trabajo que hacer. No será una sorpresa. Un problema, por otra parte, es una sorpresa que le roba energía, le pega en el estómago y le saca el aire de los pulmones. Va caminando, todo va de maravilla y entonces ¡BOOM! No lo esperaba. Eso es el problema. Y un problema del que estaba consciente pero que lo ignoró se convertirá en una crisis. Ahora no le pega en el estomago. Ahora hace que caiga sobre sus rodillas.

Sea proactivo. No espere.

He aquí una analogía: una señora fue con el psicoterapeuta y le pregunto que cuándo debería empezar a atender los problemas de su hijo de 18 años. El terapeuta le respondió, "¡Hace dieciocho años! Uno no se espera hasta que existan los problemas. ¡Uno empieza el día en que nacen!"

Lo mismo sucede con una compañía: no se espera hasta que el problema diga, "¡Que tal, ya estoy aquí!" Es mucho mejor prepararse de antemano, para que cuando llegue, pueda decir, "Te he estado esperando. Estoy listo. ¡Gracias! ¡Siguiente!"

QUÉ *NO* HACER

LA PEOR OPCIÓN, para la cual no hay ningún premio, es no hacer nada, paralizarse en el miedo, echarle la culpa al viento y al clima – o peor aún, cubrir y disfrazar los problemas con acciones que hagan ver bien a la organización, mientras en la realidad la fuente de los problemas – es decir, la desintegración creciente – permanece sin ser tratada y eventualmente se convierte en una crisis. Algunas organizaciones no hacen nada por que están esperando que la situación mejore. Están esperando que pase la tormenta.

Error.

Cuando tiene una crisis en su vida personal, tiene mucho dolor, ¿no es así? ¿Qué es lo que hace cuando tiene mucho dolor? Normalmente, lo que sucede es que se paraliza y mantiene la respiración. ¿Y qué pasa cuando mantiene la respiración? ¡El dolor aumenta! Cada vez que usted tiene dolor físico, ¿qué es lo que le dicen los doctores, su madre y su esposa todo el tiempo? ¡Respire! ¡¡¡Respire!!! Y cuando comienza a hacerlo, el dolor se disipa. Le ayuda a traer oxígeno a su cuerpo.

Por lo que cuando exista una crisis, actúe. No se paralice.

Otra analogía: usted está caminando por la calle y llega a una intersección. Eso es un cambio, algo nuevo. Ahora tiene que decidir si dará vuelta hacia la izquierda, si dará vuelta a la derecha, si seguirá de frente o si retrocederá. Si decide no decidir – "No se que hacer… No tengo la información…¡No puedo decidir!" – aún así ha tomado una decisión. ¿Cuál fue? La de quedarse donde está. Y esa puede que esa sea la peor decisión para usted.

Es aceptable no hacer nada si esa ha sido una decisión consciente, como parte de su estrategia de escoger el tiempo correcto de sus acciones. Lo que no es aceptable es simplemente paralizarse por que no sabe qué hacer.

Existe una expresión americana que dice: "Aún si usted se encuentra en el camino correcto, si sólo permanece parado ahí, puede que un camión le atropelle!" Cuando hay una crisis, el no hacer nada es la peor cosa que puede hacer. El dolor aumenta, el miedo aumenta y eventualmente quizá hasta experimente la histeria. En cambio, necesita hacer algo. Y dudar por temor al fracaso no es una opción.

Valor para Llevar No. 6:

No tomar una decisión es tomar una decisión – la de no hacer nada. El no hacer nada por miedo es la prescripción para una eventual crisis.

Mary Kay fue una famosa emprendedora americana quien empezó desde cero y de la nada construyó un gran, gran impero de cosméticos, Mary Kay Cosmetics, por medio de vender de puerta en puerta. De ceros, su compañía ganaba millones. Por lo que la gente frecuentemente le preguntaba, "Sra. Mary Kay, ¿cuál es el secreto de su éxito?" Para lo que ella contestaba, "¿Quiere ver las cicatrices de mis rodillas?" ¡Ése es el secreto de mi éxito!" El éxito no es que tan poco se caiga. El éxito se trata de qué tan rápido se levante.

Mucha gente cree que el éxito significa no caer: "¡Nunca cometeré un error!" ¡Ése es su error más grande! Cuando existe una crisis y usted se encuentre cayendo, no se paralice. ¡Levántese! ¡¡¡Levántese!!! Es tiempo de actuar – de correr más rápido que su competencia, para que el león se los coma a ellos y no a usted.

George Soros, uno de los hombres más ricos del mundo, una vez dijo, "No soy más inteligente que los demás; sólo que identifico mis errores más rápido y los corrijo más rápido." En contraste, para la hora de que la mayoría de la gente reconozca un problema y hagan algo al respecto, o la ventana de oportunidad ha pasado, o el problema se ha vuelto más agudo y se ha convertido en una crisis.

Valor para Llevar No. 7:

El éxito no se define por no cometer errores.

El éxito se define por la rapidez con la que los identifica y con la que los corrige.

Hace muchos años los australianos compitieron por la America´s Cup, la regata más prestigiosa a nivel mundial en el deporte de veleros. Alan Bond, quien era dueño del barco de competencia australiano, me invitó a las finales y de igual manera a quedarme en su casa. Fue un honor para mí, me dijo, ya que había usado mi metodología de construcción de equipos complementarios para construir el suyo. (¡Por cierto ganaron!)

Mientras cenábamos recibió una llamada por teléfono. Cuando regresó se veía un poco molesto.

"Alan, qué pasó?", le pregunté.

"Oh, acabo de recibir la noticia de que acabo de perder veinte millones de dólares en un trato."

"¿Cómo se siente perder veinte millones de dólares?", le pregunté sinceramente, ya que era más que todo mi patrimonio neto.

"Sabes, Ichak," dijo, "Lo veo de esta manera: acabo de tomar un curso de la Universidad de la Vida el cual su colegiatura fue de veinte millones de dólares. Antes que nada, no hay tanta gente que pueda pagar un curso de veinte millones de dólares. Por lo que soy uno de los pocos. Desde ese punto de vista, estoy contento de que pueda pagarla. Segundo, ahora que he pagado la colegiatura, la pregunta es si pasé el curso, si aprendí algo de él. ¿O habré reprobado el curso?".

Una crisis, un problema, debe de ser visto como un curso en la universidad llamada vida. Cada problema es un curso y siempre hay una colegiatura. Ahora, la pregunta es: ¿Desperdició la colegiatura sin aprender nada, o aprovechó el beneficio total del curso?

OK, aprender es importante. ¿Qué más es importante?

Valor para Llevar No. 8:

¿Qué esta aprendiendo del problema o de la crisis con la que se enfrenta? Vea cada crisis como una oportunidad para aprender lecciones valiosas.

Debe ser proactivo. Debe tener sentido de urgencia. Debe mantenerse en movimiento.

¿Pero en movimiento para hacer qué?

Para mantener a la compañía unida – integrada – en los tiempos de cambio. Para pelear contra la desintegración traída por el cambio.

¿Entonces qué es lo que debe hacer, como padre o como ejecutivo, durante los tiempos de crisis, cuando debe verdaderamente ser un líder? ¿Puede mantener su compañía unida? ¿Puede detener a la gente de que se ataquen entre ellos?

En una compañía fuerte, la gente se une. En América, a eso se le llama "formar un círculo con los vagones": volteamos nuestras espaldas hacia los demás para pelear contra el enemigo. Pero para poder hacer eso se necesita confiar que los compañeros de su organización lo le vayan a disparar por la espalda.

En una compañía, o sociedad mal dirigida, lo que describí anteriormente como un "organismo débil", no hay confianza entre ellos. Mientras que el enemigo les ataca, es más fácil atacarse entre ellos que al enemigo. Una cacería de brujas está en su máximo esplendor. Pero cuando nos atacamos entre nosotros, ¿qué sucede? El enemigo tiene una mejor oportunidad de matarnos a todos. Por lo que en tiempos de crisis, más que en algún otro momento, la confianza es un activo.

La integración tiene muchas dimensiones.

Hace muchos años tuve un cliente quien perdió todos sus bienes en la crisis inmobiliaria estadounidense de los 90s. Era un hombre rico que acabó pidiéndole dinero prestado a su hija para comprar comida.

Aun así me parecía que estaba bien. No lo que se espera de una persona quien hubiera perdido todo. Estaba optimista.

"Moisés," le pregunté, "¿Cómo mantienes alto el ánimo cuando has perdido todo?"

"No he perdido todo," dijo. "Sólo el dinero. No perdí mis verdaderos bienes: mi salud, mi familia y mis amigos. Mientras tenga eso, voy a recuperar el dinero."

Y así lo hizo. Años después me lo encontré y era de nuevo el hombre rico que solía ser.

En una crisis la gente pierde más que sólo el dinero. Pierden su salud. Sus familias se pueden separar y hasta pueden perder a sus amigos.

Por lo que en una crisis, su prioridad es su salud. El dolor que siente del estrés puede hacerlo vulnerable de serias enfermedades. Manténgase en buenas condiciones, antes de cualquier cosa. Piense en las instrucciones acerca de qué hacer cuando se encuentra en una emergencia en un avión. Aun cuando va acompañado de un menor, ¿qué es lo que le piden? Póngase primero usted la máscara de oxígeno y después ayude a los demás. Si usted se esta desintegrando, ¿cómo puede ayudar a los demás? Por lo que ayúdese primero usted.

¿Cómo se mantiene unido a sí mismo en tiempos de crisis? Una de las maneras que recomiendo es la meditación. Cálmese. No deje que el pánico tome control. Sólo medite unos minutos cada día. (Asegúrese de que sabe hacerlo de la manera correcta.)

Después, mantenga unida a su familia. Déles esperanza. Muestre su liderazgo en su vida personal. No corra alrededor lleno de miedo, no contagie la histeria a quienes dependen de usted.

Tercero, llame a sus amigos. Vea si se encuentran en una situación peor que la de usted. Ayúdeles si puede, y pídales su ayuda si pueden ofrecerla.

Una vez que se ha hecho cargo de usted, de su familia y de sus amigos, enfóquese a mantener su compañía unida. Atienda los miedos de sus empleados. Sea honesto. Recuerde que en tiempos de crisis, la confianza es un activo. Ahora es el tiempo cuando la confianza se pondrá a prueba. No repruebe el examen. Sea honesto, sincero y responsable. No camuflaje la situación. No niegue la verdad. No escape al mundo de las falsas promesas. La gente sabe cuando usted esta evitando la verdad. Saben dentro de ellos si les está diciendo la verdad o no.

Mantener unida su compañía no es suficiente. Llame a sus clientes. Pregúnteles si les puede ayudar. De nuevo, sea sincero. Nada de juegos. Nada de falsas promesas. Si puede ayudarles, hágalo. Es aquí donde se pone a prueba la confianza. Es aquí donde puede reforzar la confianza que sus clientes tienen en usted. Es en los tiempos de crisis que la confianza se puede afianzar de por vida.

Recuerde, si sus clientes se van a la bancarrota a causa de la crisis, usted se irá a la bancarrota con ellos. ¿Qué puede hacer sin clientes?

"LO QUE NO TE MATA TE HACE MÁS FUERTE"

INTÉGRESE EN CADA dimensión de su vida personal y profesional: consigo mismo, con su familia, con su compañía y con sus clientes.

Entre más se integre, más fuerte saldrá de la crisis. En retrospectiva, la crisis pudo haber sido lo mejor que le pudo haber pasado. Fortaleció a su familia; lo fortaleció a usted, lo hizo más decidido, más disciplinado; construyó y reforzó las relaciones con sus clientes; reforzó las relaciones con sus empleados y colegas.

Actúe. Una crisis es el tiempo para demostrar su liderazgo y de lo que está hecho.

La reacción equivocada a una crisis es atribuirle automáticamente las causas de sus problemas a factores fuera de su control. Ese es el camino fácil. Es una manera de evitar lidiar con el problema, ¿qué más puede hacer? No puede solucionar un problema que no esta bajo su control. Pero eso es como impactarse contra un árbol mientras conduce y explicarle a la compañía aseguradora, "Sólo estaba conduciendo cuando de repente se cruzó este árbol delante de mí."

Valor para Llevar No. 9:

En una crisis, en vez de atacarse unos a otros o de culpar a las fuerzas externas fuera de su control, mire hacia adentro de sí mismo o de su compañía y enfóquese en como prevenir que la organización se desintegre.

El enfoque más sabio, sin mencionar el mejor reconocido, es no buscar la causa del problema fuera de usted sino dentro de usted. Porque es ahí donde se encuentra la solución. Toma mucho más refinamiento y coraje encararse a sí mismo y preguntarse a sí mismo qué está mal con usted, en vez de preguntar qué está mal con el mundo. Usted no puede controlar lo que está afuera pero sí puede controlar lo que está adentro. Es posible trabajar adentro de una compañía y ser exitoso en controlarla.

PASOS A TOMAR EN UNA CRISIS

¿QUIÉN SOBREVIVE UNA crisis? Aquellos que puedan mantenerse unidos. Por lo que cuando una crisis ocurre, hay que aumentar los esfuerzos para mantenerse unidos.

Pero hay un truco. Toma tiempo integrar una compañía. Más adelante describiremos lo que realmente significa "integrar una compañía", pero asumo que usted ya lo ha realizado intuitivamente que sincronizar y alinear todos los subsistemas, cualesquiera que sean, no es una tarea de corto plazo. El peligro es de que mientras usted como directivo está trabajando en la solución de largo plazo, la compañía se esté yendo a la bancarrota en el inter.

¿Entonces qué es lo que debe de hacer? Debe de "pelear" simultáneamente en múltiples frentes. Por un lado hay que atender las manifestaciones urgentes de la crisis, que por lo general es la escasez de efectivo; y por otro lado atender la solución de largo plazo, la cual es la integración sistémica.

Más fácil dicho que hecho, ¿acaso no?

En la crisis financiera actual, de acuerdo con un estudio de Ernst and Young, las compañías están reaccionando como uno esperaría: recorte de personal, disminución de publicidad, investigación y desarrollo, capacitación y consultoría. Esto es una solución correcta e incorrecta a la vez. Depende. Si las compañías sólo hacen esto hacen, es un error. Pero si hacen eso, y al mismo tiempo, atienden la desintegración, es la solución correcta.

Si despiden a empleados buenos solo para hacer que los números se vean bien, es tan malo como alimentar a un perro con su propia cola, hasta que el perro desaparece.

Permítame ser más preciso. Primero, debemos ver la realidad a los ojos: en tiempos de crisis, el efectivo es el rey. Punto. Así que conservar el efectivo y reducir los costos es algo bueno. Algunas compañías basan sus decisiones en la información financiera que el sistema les da. Pero en un sistema financiero, puede que las cosas se vean bien a pesar de que el flujo de efectivo no lo esté. Mi sugerencia es, tanto para la vida personal como para la empresa, dejar de depender de la contabilidad financiera. El primer paso es hacer proyecciones de flujo de efectivo. Hasta diría que la utilidad no es tan importante en el corto plazo como el flujo de efectivo, porque el efectivo es como la sangre: si te desangras, te mueres.

Siempre les recomiendo hacer a las compañías en crisis una proyección de flujo de efectivo de trece semanas – tanto hacia adentro como hacia fuera. Trece semanas: tres meses más una semana. Al final de cada semana, volver a pronosticar utilizando la información más reciente, adaptar las proyecciones para las próximas doce semanas, y añadir otra más, para que siempre estén viendo trece semanas hacia adelante con información no mayor a una semana de edad.

Estuve recientemente en México, donde trabajé con una grande empresa de bienes raíces. Habían estado haciendo un error típico en tiempos de crisis: estaban gastando una enorme cantidad de tiempo tratando de asegurar nuevos préstamos del banco. Después del análisis, encontramos que para ellos, el costo de capital era muy elevado. Ya entonces, la mayoría de sus gastos eran gastos financieros, el costo de tener los préstamos que ya tenían. El adquirir más préstamos sería lo peor que se pudiera hacer. No necesitaban gastar más dinero en una hipoteca y pagar más intereses. No podían solventar el interés de cualquier manera.

¿Cuándo sabe que está en bancarrota? Cuando no puede conseguir un préstamos para pagar los intereses de sus previos préstamos, es ahí donde la función se acaba. Para prevenir ese bastante probable resultado, le sugerí a esa compañía que vendiera inventarios en vez. ¿Por qué? Para incrementar el flujo de efectivo. Aun si tiene que vender a costo, aun si pierde dinero, mientras cubra los costos variables agregados a los costos fijos. No es una solución para el largo plazo, pero le compra tiempo.

CONSERVE SUS FUERZAS

LA COMPAÑÍA DE BIENES RAÍCES estaba a punto de cometer otro error: estaban a punto de despedir gente.

Sea cuidadoso acerca de despedir a la gente. Por favor no me malentienda: definitivamente hay que estar revisando continuamente la organización y encontrar a la gente que no es productiva, que no se está ganando sus salarios. Encuéntrelos y deshágase de ellos. Pero debería haberlo hecho hace mucho tiempo. ¿Por qué estuvo manteniendo ese lastre? ¿Por qué estuvo manteniendo gente que no era productiva? ¿Por qué se necesita de una crisis para hacer la limpieza? Probablemente ese sea su problema, que no tiene el dedo en el pulso de la organización en todo momento. ¿Se necesita que la compañía se encuentre en crisis para que le ponga atención?

Pero no despida a la gente buena sólo para reducir costos. Eso, por cierto, es lo que muchos consultores tradicionales recomiendan hacer. Ven que tiene demasiados gastos. Lo ponen en una báscula y le dicen, "¿Sabe qué? Tiene 20 libras de sobrepeso; tiene que bajar 20 libras." Entonces le cortan una pierna. Ahora los números se ven muy bien, pero ya no tiene una pierna. No estoy hablando de una situación donde la compañía se está yendo a la bancarrota. En esas circunstancias, usted tiene gangrena y la pierna debe de ser cortada. Pero no corte una pierna sana para demostrar el peso óptimo en la báscula.

¿Qué hace un oso cuando viene el invierno? ¿Se arranca una pierna para que necesite menos calorías, o reduce su metabolismo por medio de la hibernación? ¿Qué hace usted personalmente en los tiempos de crisis? ¿Sacar un hijo a la calle para que los demás puedan seguir comiendo?

Lo que debería hacer es recortar la grasa, no el músculo. Si sacrifica a la gente buena, el músculo de su organización, sólo para hacer que se vean bien los números, se está engañando a sí mismo. ¿Cuánto le costará volver a contratar y volver a capacitar más tarde a buenas personas? Nada es para siempre. Conserve sus activos para que cuando se mejore la situación esté listo para tomar acción.

Alguna vez le pregunté a Ferdinand Porsche (el hijo del fundador de la compañía automotriz), "Ferdinand, si tuvieras dos opciones – perder a toda tu gente o perder a toda tu maquinaria – que perderías primero?" ¿Cual cree que fue su respuesta? "¡La maquinaria!"

¿Por qué? ¿Cuál es más fácil de reemplazar, las máquinas o la gente? ¡Las máquinas! Las compras, toma algún tiempo programarlas y después trabajan. Trate de contratar gente, volver a entrenarlos, desarrollar sus relaciones, recrear la cultura... ¿Cuánto toma todo eso?

Por favor note que la cosa más difícil de hacer en una compañía es construir una cultura de respeto y confianza. Y lo más fácil de perder es una cultura de confianza y respeto mutuo, la cual es indispensable si queremos voltear nuestras espaldas para pelear contra el enemigo. Toma tiempo construir y reforzar una cultura así. En ocasiones toma años encontrar gente buena, aquellos que saben como estar en desacuerdo sin ser desagradables. ¿Y qué tan fácil es hacer el proceso de contratación? De diez solicitantes, probablemente pueda obtener tres personas buenas – pero primero debe encontrarlos, después entrenarlos, debe desarrollarlos y nutrir un clima de relaciones constructivas. ¿Y después los despide? Equivale a cortarse una pierna después de invertir años en desarrollar sus músculos.

Algunos directores me han dicho, "Lo entiendo, pero me costará demasiado el no despedirlos."

Puede ser cierto que no pueda costear el costo de la nómina durante la crisis. ¿Pero acaso despedirlos es la única alternativa?

Digamos que su negocio es intensivo en mano de obra más que intensivo en capital. La mano de obra es realmente una gran parte de sus costos. Pero si su gente es talentosa y productiva, y su compañía está sufriendo meramente un declive en la demanda, le recomendaría que en vez de despedir gente, los haga trabajar menos horas. Como el oso en el invierno, su compañía debería hibernar. Toda la organización debería compartir el dolor de trabajar y ganar menos. Eso incluye a los altos ejecutivos. Compartiendo las tareas, todos sufren, pero sólo un poco y de esa manera retendrá a su capital humano. Después de todo, eso es lo que hace con sus máquinas cuando no tiene suficiente trabajo: no va y tira sus máquinas en la calle por que no tiene suficiente trabajo, las deja ociosas parte del tiempo.

No siga el sistema de valores americano; siga el sistema japonés. Cuando las compañías en Japón se encuentran en problemas, el primero en recortar su salario es el presidente. Cuando la compañía está en graves problemas, él es el primero en renunciar. En Japón, su reacción no es despedir a los trabajadores, porque ellos creen que no hay malos soldados, sólo malos generales. Desafortunadamente, el sistema americano es despedir a los trabajadores y dejar al mal directivo y además que reciba un bono.

¿Qué debería de hacer con la gente después de haber recortado sus horas de trabajo para ahorrar efectivo, pero aún no encuentra trabajo suficiente para que realicen? Ahora es el tiempo de que hagan pensamiento innovador. Antes, cuando la demanda era alta, su compañía probablemente no tenía tiempo para pensar creativamente acerca de cómo mejorar los productos o los servicios, o qué agregarles. No tenía tiempo de reparar las cosas que se estuvieran desprendiendo. Ahora que el ritmo de trabajo ha bajado y la gente dispone de tiempo, les puede dar tareas que le traigan innovación a la compañía. A través de la crisis surgirá una compañía mas integrada, más comprometida y más innovadora que nunca antes.

En el plazo corto o intermedio, conserve el efectivo. Proyecte su flujo de efectivo a trece semanas. Recorte sus costos – y si eso significa la gente, entonces despida a los no productivos y mantenga a los buenos.

Valor para Llevar No. 10:

En tiempos de crisis, las dos consideraciones más importantes son, enfocarse al flujo de efectivo y preservar su cultura organizacional de confianza y respeto mutuo al igual que los recursos humanos que usted aprecia.

Si necesita recortar los costos aún más , volteé a compartir tareas, trabajos de medio tiempo. Hiberne y preserve su capital humano. Conserve y nutra la cultura de confianza y respeto mutuo. No viole sus valores, los cuales son difíciles de desarrollar y los cuales demandan mucho tiempo para poder reforzarlos.

Si usted despide gente, asegúrese de que no se haga de una manera que destruya la cultura que está tratando de preservar.

Esas son medidas de corto plazo. ¿Ahora, que hay del largo plazo – de la integración?

SINCRONIZANDO LOS CUATRO SUBSISTEMAS

ES SIEMPRE crucial que se asegure de que la integración no falle en su organización. Cuando haya cambio, si la integración es débil, se desmoronará – tal como si estuviera en un sauna e irse después a rodar sobre la nieve, contrayendo neumonía.

¿Pero a qué me refiero con integración? ¿Debería llamar a su staff y decirles, "¡Los amo!"?

Cada compañía, cada organización necesita alinear cuatro subsistemas. Aquellos de ustedes quienes hayan leído mis libros reconocerán los cuatro subsistemas como (P), (A), (E) e (I), pero aquí me referiré a los subsistemas sin codificarlos, en caso de que los lectores no estén familiarizados con mis libros.

Los subsistemas que deben siempre estar integrados son:

1. El subsistema teológico (telos, en griego, significa finalidad): Se refiere a su jerarquía de propósitos y lo que crean esos propósitos – visión, valores, misión y estrategia.
2. La estructura de responsabilidades: Quién es responsable de qué, para que la organización pueda cumplir su misión.
3. La estructura de autoridad, poder e influencia (a lo que llamo autorancia) en la toma de decisiones que llevan al cambio.
4. El sistema de reforzamientos, el cual refuerza el comportamiento para que el comportamiento pueda ser predecible.

Los cuatro subsistemas tiene que estar sincronizados, más o menos, con el ambiente cambiante y con cada uno de ellos a través del tiempo.

Por favor note que no dije que deberían estar sincronizados exactamente, tan sólo "más o menos". Cuando estén perfectamente sincronizados a través del tiempo, usted está en graves problemas. Le diré por qué muy pronto.

REAFIRME SU MISIÓN

ENTONCES, PRIMERO, ¿CUÁLES son sus valores? Escriba una constitución que establezca lo que se va a hacer, lo que no se va a hacer, en lo que cree. ¿Cuál es su misión bajo la luz de su visión y valores? Asegúrese de decirle a cada persona que vaya a contratar: "Éste es nuestro sistema de valores, esto es lo que representamos, esto es lo que estamos tratando de hacer. Si no comparte estos valores, no trabaje para nosotros."

REESTRUCTURE LAS RESPONSABILIDADES

¿QUÉ VIENE DESPUÉS de la visión y los valores? Su misión debe estar integrada con su estructura de responsabilidades. "Estructura de responsabilidades" es lo que usualmente queremos decir cuando hablamos de estructura. Ésa es la jerarquía típica de una organización, la cual establece quién es responsable de qué y de quién.

La estructura correcta de responsabilidades es indispensable. Para poder ejercer la misión y la estrategia, la estructura de responsabilidades debe estar organizada apropiadamente: si necesita volar, es mejor que tenga un avión. Demasiada gente comete el error de tratar de hacer volar a un submarino al contratar a un piloto para que vea a través del periscopio. Sí, tiene a un piloto, pero esto es un submarino; no puede volar.

En otras palabras, la organización debe estar estructurada para la misión. ¿Es usted un jet? ¿Es usted un avión de carga? ¿Un submarino? ¿Qué es usted? La forma debe seguir a la función.

Eso suena tan simple y tan obvio, ¿acaso no? No lo es. Muy a menudo la compañía necesita cambiar, por lo que contratan a un consultor para hacer la planeación estratégica. Pero al consultor se le dice, "No toque la estructura." Ni siquiera el presidente de la compañía desea tocar la estructura por que el riesgo político es muy alto. "No toque la estructura; sólo dénos la estrategia," le advierten al consultor.

Pero aun si divide las responsabilidades brillantemente, no es suficiente. La estructura de responsabilidades tiene un impacto, o debería tener un impacto en cómo debería asignar la autoridad. La responsabilidad sin autoridad es una receta para convertirse ya sea en apático o en hipertenso.

AUTORANCIA: AUTORIDAD, PODER E INFLUENCIA

CUANDO LE DICE a alguien, "Muéstreme la estructura de su organización", usualmente le mostrarán un organigrama con cajas y líneas. Por favor dese cuenta de que este organigrama no representa nada más que las varias divisiones de las responsabilidades. El organigrama de una organización no le dice quién tiene autoridad - quiénes son verdaderamente quienes toman las decisiones. Sólo le dicen las responsabilidades de la gente y a quiénes le reportan.

Esto nos lleva al tercer subsistema, la estructura de autorancia (autoridad, poder e influencia). Debe poner atención a la estructura de la autoridad y cómo el poder y la influencia la socavan. ¿Quién toma, o debería tomar las decisiones y acerca de qué? Tal vez las condiciones que esté prediciendo para el futuro de la compañía requieran que la misma se vuelva más descentralizada; o probablemente más centralizada. A lo mejor el staff corporativo, en un intento de proteger sus intereses, estén tomando decisiones que impacten la línea de operaciones, para mal de toda la organización.

Discutamos primero la autoridad. Yo defino al autoridad como el derecho de decir sí y no a las decisiones que impliquen cambio. Usualmente, la gente dice que la autoridad es decir "sí" o "no". Está mal. Debe ser "sí" y "no".

¿Por qué?

Por que si dice “o”, puede significar que la persona pueda decir “sí” a decisiones que impliquen cambio, pero no pueda decir “no”. Pero es raro encontrarlo. Lo que es más común es la situación opuesta, en la cual la persona pueda decir “no” pero no pueda decir “sí”.

¿Cómo es que sucede esto?

Cuando la compañía era joven y pequeña, la autoridad de decir “sí” y “no” recaía en una persona: El Fundador. Si usted quería saber si podía hacer algo diferente, le preguntaba a “Esa y Única Persona” y obtenía una respuesta.

A medida que la compañía creció más y más, el fundador o probablemente su sucesor, ya no podía tomar cada una de las decisiones necesarias, por lo que algunas fueron delegadas: delegó el derecho de decir “no” y mantuvo para sí mismo el derecho de decir “sí”. ¿Qué provocó esto? La autoridad de aprobar cambios ascendió cada vez más arriba en la jerarquía organizacional, mientras la organización desarrollaba estratos y estratos de gente que solo podía decir “no”. El resultado: la burocracia. La organización hizo cambios cada vez más lentos.

Entre más “vivo” sea el ambiente externo y entre más rápido cambie, más rápido morirá esta compañía.

La autoridad debe ser el derecho de decir “sí” y “no”. Si no puede decir “sí”, entonces no tiene el derecho de decir “no”. Debe de pasar el problema y su solución hasta donde se encuentre la autoridad para decir tanto “sí” como “no”.

¿COMO VIRA UN BARCO DE MOTOR?

PERO NO ES sólo la autoridad lo que afecta si los cambios en la compañía pueden ser gestionados. Debe usted gestionar también la estructura de poder, la cual a menudo no coincide con la estructura de autoridad y con la estructura de influencia, las cuales pueden llegar a tener una jerarquía propia.

En otras palabras, debe prestar atención a todas las fuentes de energía gerencial que mueven a su organización.

Permítame darle una analogía. Una organización es como un barco de motores. No es suficiente el sentarse en la cubierta, ver el mapa, hacer alguna planeación estratégica y decidir que debemos cambiar la dirección. Si no cambiamos también la fuerza relativa de los motores, el barco seguirá yendo en la misma dirección.

Alguna vez vi una tira cómica que ilustraba este punto muy bien. Era un barco de vikingos. De un lado estaban remando unos vikingos grandes y muy fuertes. Del otro lado estaban remando otros que eran pequeños, débiles y sin comer. Y el capitán en una profunda reflexión se decía, "Me pregunto por qué estaremos avanzando en círculos…"

Si desea cambiar de dirección, necesita cambiar en su compañía la estructura de responsabilidad, y después de eso, la de autoridad, la de poder y la de influencia.

He aquí un ejemplo de mi experiencia en la consultoría: esta compañía era muy grande en el negocio de electrónicos militares. Pero al terminar la Guerra Fría, los presupuestos militares estaban a la baja y el mercado se estaba consumiendo por lo que necesitaban entrar al mercado de electrónicos de consumo. Tenían todo el conocimiento, pero por algún motivo no podían hacer el cambio.

Contrataron entonces a un graduado de un MBA y lo hicieron el líder del proyecto de los electrónicos de consumo. El pobre hombre estudio el mercado y preparó información, elaboró reportes y los entregó… y nada sucedió.

¿Por qué?

Veamos la estructura de responsabilidades de la organización: ventas e ingeniería le reportaban a electrónicos militares, así como también lo hacían finanzas, recursos humanos y hasta producción. (Esto no era raro ya que habían sido una compañía de electrónicos militares.) Contrataron sólo una persona para todo el departamento de "electrónicos de consumo". Él le reportaba al presidente, pero nadie le reportaba a él, ni siquiera una secretaria. Todos los demás trabajaban para los electrónicos militares.

¿Qué oportunidad tenía el líder de proyecto de electrónicos de consumo? Ninguna. Era como una espinilla en el trasero de un elefante: sólo una molestia. En las juntas, todos alababan los electrónicos de consumo y estaban de acuerdo en el hecho de que necesitaban empezar, pero fuera de las juntas cada quién estaba protegiendo su territorio. Nada relevante sucedió. El líder de proyecto de electrónicos consumibles siguió escribiendo reportes, explicando sus hermosas gráficas y tablas, y estaba absolutamente en lo correcto. Todos observaban la función, pero nada cambiaba.

Debe de cambiar la estructura de la compañía (responsabilidad y autoridad, de poder y de influencia) cuando la misión o la estrategia cambian. Si no hace eso, la organización continuará siguiendo el mismo camino que tenían en el pasado.

Valor para Llevar No. 11:

Cada vez que haya cambio, para mantener la integración es necesario volver a sincronizar la misión y la estrategia, la estructura de responsabilidades, la estructura de autorancia y el sistema de reforzamientos. Ya que el cambio es continuo, cada vez que termine el proceso debe empezar de nuevo.

Le ayudé a esa compañía al reestructurarla en dos departamentos de marketing: electrónicos militares y electrónicos de consumo. En el medio estaban ingeniería y todos los otros departamentos; estos departamentos ya no le reportaban al gerente de electrónicos militares. Ambos departamentos, tanto el de electrónicos militares como el de electrónicos de consumo tenían presupuestos que gastar, y con esos recursos tenían que "comprar" los servicios de ingeniería, etc. Ya que ambos tenían dinero para gastar, ¿a quién serviría el departamento de ingeniería? A ambos. Tenía que hacerlo ya que ahora tenía dos clientes, no sólo uno.

¿Ve cómo la estructura de autorancia cambió? Claro es que al gerente de electrónicos militares no le caí muy bien; hizo campaña para que me despidieran. Era de esperarse. Pero si usted quiere cambiar la dirección, tiene que cambiar la estructura de responsabilidades y autoridad, de poder y de influencia. Las personas son animales políticos y generalmente persiguen sus propios intereses. A menos de que cambie eso, no va a cambiar su comportamiento.

Un ejemplo de una agencia gubernamental. En Los Angeles, trabajé con la organización de protección infantil más grande del mundo: 3,500 trabajadores sociales que ayudaban a niños abusados sexual, emocional y/o físicamente. Hasta arriba de la jerarquía se encontraba el director administrativo. Reportándole se encontraba el departamento de operaciones – todas las oficinas, incluyendo todos los trabajadores sociales quienes trataban a los niños. También le reportaban los departamentos de planeación, contabilidad, relaciones gubernamentales, staff administrativo…

¿Quiénes tenían primero el dinero? El staff administrativo, quien recaudaba fondos de partidas gubernamentales y de subvenciones. ¿Y de quiénes se encargaban primero? De ellos mismos. ¿Qué fondos se iban a los trabajadores sociales en el departamento de operaciones? Lo que quedaba.

Con mi ayuda, ellos cambiaron la estructura de autoridad. Ahora todo el dinero se iba primero al departamento de operaciones, y el departamento de operaciones entonces "compraba" los servicios del staff administrativo en las oficinas centrales. Una vez que operaciones era capaz de comprar sólo los servicios que necesitaban, la burocracia se redujo a la mitad.

He aquí otro ejemplo de cómo la visión, los valores y la misión no estaban alineados con la estructura de responsabilidad y autorancia. Trabajé con una compañía desarrolladora de bienes raíces. Les tomó más de veinte años el desarrollar su imagen como una compañía que valoraba la calidad. Estaban vendiendo casas y departamentos a los niveles socioeconómicos altos de su ciudad.

La compañía creció rápidamente, pero la calidad comenzó a sufrir. Como usted podrá sospechar, acusaron al departamento de control de calidad de incompetentes, aunque los directivos admitían que tenían algunos de los mejores del país en cuestión de control de calidad.

LA IMPORTANCIA DE LA ESTRUCTURA

COMO YA DEBE de estar prediciendo, primero analicé la estructura. Si apenas puede caminar, preguntarle sobre el estado de su mente no es la primer cosa por hacer. El primer paso es analizar su pierna, a lo mejor tomar unos rayos X para ver si algo en la estructura de su pierna está roto o desintegrado.

En general, la gente no le da suficiente importancia a la estructura. Si la estructura es mala, puede invertir millones en entrenar gente pero no funcionará. Es como entrenar a un caballo con tres piernas para que compita en las carreras.

Lo que encontré en esta compañía es que para poder ahorrar dinero, es decir, ser más eficiente, también le dieron a la gente de control de calidad la responsabilidad de monitorear los costos y el tiempo de construcción de los proyectos, y tenían también a la gente de construcción reportándole a control de calidad.

Ahora la gente de control de calidad tenía un conflicto de interés. Si se enfocaban en ahorrar costos y completar los proyectos más rápido, probablemente tendrían que sacrificar la calidad. Si se enfocaban e insistían en la calidad, podrían incurrir en costos más elevados y en retrasos.

La calidad es algo difícil de medir. Los costos y las desviaciones de tiempo en los calendarios son más fáciles de rastrear. ¿Entonces adivinen qué es lo que los supervisores hicieron? Se enfocaron en los costos y en el tiempo y por ende la calidad sufrió. Y ya que el equipo de construcción les reportaba a ellos, cualquier problema de calidad pasaba "desapercibido" hasta que los clientes comenzaban a quejarse.

¿Cuánto tiempo toma desarrollar una buena reputación? Años ¿Cuánto toma destruir una buena reputación? Minutos.

No es extraño que la Organización Internacional de Estandarización (ISO) demande que los departamentos de control de calidad le reporten al CEO. Y eso es lo que hice. También recomendé que los supervisores de calidad fueran liberados de supervisar costos y tiempos. Sí, más gente tenía que ser contratada, ¿pero cuánto le costaría a la compañía perder su reputación de calidad? ¿Cuánto le costaría reestablecerla? Y a aun si reconstruyeran su reputación, nunca sería lo mismo. Tendría sabor a sopa recalentada.

Tal como he dicho hasta ahora, reestructurar la división de responsabilidades de una organización es necesario pero no suficiente. Cada vez que haya cambio, tiene que adaptar no sólo su estrategia, su misión y su dirección que lo llevará a cambios en las responsabilidades en la compañía; también debe de cambiar la estructura de autoridad. Eso fue lo que la compañía de electrónicos militares hizo. Primero, cambió la estructura de responsabilidades y después la estructura de autoridad. Ambos gerentes de marketing tenían un presupuesto – en otras palabras, la autoridad – para comprar los servicios de la unidad de ingeniería. Ingeniería estaba entonces forzado a responder a lo que ambos gerentes necesitaban para poder obtener dinero.

Lo mismo fue hecho con los trabajadores sociales: el dinero fue dado primero al departamento de operaciones y ellos a su vez compraban los servicios del staff - en vez de darle al staff el dinero para dejarlos decidir cuánto se les daría al departamento de operaciones. Invertimos la estructura de autoridad.

LA JERARQUÍA DEL FLUJO DE INFORMACIÓN

TODAVÍA, NO ES suficiente. Como parte de alinear la estructura de responsabilidades y autoridad, debe cambiar el sistema de información: quién recibe qué información y cuándo. A menos de que tenga información, no puede desempeñar sus responsabilidades y su autoridad estará vacía.

Cómo organice el flujo de información es una manera de clarificar donde se encuentra la autoridad. Más aun, la información es una fuente de poder; cuando la gente retiene la información, están de hecho ejerciendo su poder, aunque ilegítimamente. Por lo que el sistema de información tiene que ser tan transparente como sea posible para evitar el abuso de poder.

REFORZAMIENTOS, INTRÍNSECOS Y EXTRÍNSECOS

EL CUARTO SUBSISTEMA, el cual debe alinear a los primeros tres, es el sistema de reforzamientos. Una vez que estén claras la misión y la estrategia, y que la compañía haya dividido las responsabilidades y estructurado correctamente la autorancia, la organización debe rediseñar un sistema para reforzar para el comportamiento deseado.

¿Cómo se consigue eso? Bien, cual es la parte más sensible del cuerpo humano? ¿Lo sabe? No es la que esta pensando. Es el bolsillo. Toque el bolsillo de alguien y entenderá de lo que usted le está hablando. Toque su bolsillo y dirán, "¡Ah, a eso se refería!". Entenderán rápidamente lo que desea que sea hecho.

Pero no por mucho tiempo: he descubierto en mis cuarenta años de consultor que el dinero motiva a la gente por tan sólo aproximadamente dos semanas. Si le da a alguien un aumento de salario, se sentirá bien por alrededor de dos semanas, pero después de eso comenzará a pensar: "¿Qué ha hecho la compañía por mí últimamente?". La gente se acostumbra a un incremento en el salario rápidamente. Existe una expresión serbia, "Svako cudo za tri dana", lo cual puede ser traducido como "Cada milagro es sólo bueno por tres días." Después del tercer día, "¿Ahora qué? ¿Qué me darán ahora?"

Más allá de eso, los economistas han descubierto que lo que da el sentimiento gratificante no es el incremento en el ingreso por sí mismo sino el índice de crecimiento del incremento. Por lo que si usted recibe un incremento anual del 5 por ciento en su nómina, fijando ese índice de aumento por, digamos, cinco años como parte de su contrato, entonces aunque sea un incremento, será tomado como un hecho y por tanto no será considerado como una recompensa. Sentirá que no se le paga bien durante 5 años. Lo que usted desea es un crecimiento en el índice de incremento: si este año obtuvo el 5 por ciento, entonces el próximo año más vale obtenga más del 5 por ciento o sino no será recompensante. Incluso entonces, sólo será percibido como recompensante por aproximadamente dos semanas.

En un famoso artículo en el Harvard Business Review en 1968, Frederick Herzberg hizo un punto aun más fuerte acerca de los límites del dinero como medio motivante. Él dijo que el dinero no es un buen factor motivante; cuando se recibe se le toma por un hecho. Pero cuando no se recibe lo que se cree merecido, lo des-motiva.

Para alguien quien percibe muy poco, es desmotivante, pero para alguien que está siendo adecuadamente remunerado, no es motivante; es esperado.

Por esta razón, no me gusta la palabra "recompensas" y pienso que "compensación" es aún peor. ¿Qué estamos tratando de hacer con las "recompensas"? Estamos tratando de causar, o reforzar, un cierto comportamiento. Si la "recompensa" no refuerza efectivamente el comportamiento, entonces estamos dando el dinero a cambio de nada.

REFORZAMIENTO EXTRÍNSECOS

ENTONCES, AHORA discutamos los componentes del sistema de reforzamiento. Existen dos tipos de reforzamientos: extrínsecos e intrínsecos.

Los reforzamientos extrínsecos tienen las siguientes características: el hacer el trabajo no provee ninguna recompensa por sí mismo; y el valor de la recompensa depende de la verificación externa.

Hay dos tipos de recompensas extrínsecas: las pecuniarias (monetarias) y las no pecuniarias.

Pecuniarias: El trabajo por sí mismo no provee ninguna satisfacción personal; su sentido de lo que vale el trabajo está ligado directamente a cuánto dinero se le está pagando y cuánto puede comprar ese dinero. Puede simplemente no hacer el trabajo y aún así sentirse satisfecho – siempre y cuando usted reciba un salario que tenga un valor objetivo. Digamos que tiene un salario de $100,000 por año, pero su país esta experimentando una inflación tremenda, como en la preguerra en Alemania o recientemente en Serbia. Si $100,00 apenas le pueden comprar una taza de café, no vale mucho como reforzamiento a un comportamiento deseado.

No pecuniarias: Este tipo de reforzamiento tiene algunas de las mismas características que el reforzamiento monetario – el reforzamiento no se deriva de desempeñar una tarea; su valor percibido depende de la validación externa - pero en este caso, la validación es estatus en lugar de dinero. Por ejemplo, algún título: "Soy el vicepresidente." Puede que tenga un trabajo sin sentido, aburrido, repetitivo e insignificante que por algún motivo viene con algún título elevado.

Hay muchos más símbolos de estatus: donde estaciona su coche; qué tan lejos esta su oficina de la del presidente; si tiene su propia secretaria. Estos símbolos tienen poca o ninguna importancia aparte de su visibilidad; lo que importa es que todos sepan que los tiene. Si yo le nombro vicepresidente pero nadie lo sabe, no vale nada. Sólo vale algo si todos saben que es un vicepresidente. Los reforzamientos extrínsecos requieren verificación externa para que adquieran valor.

REFORZAMIENTOS INTRÍNSECOS

LOS REFORZAMIENTOS INTRÍNSECOS SON justo lo opuesto. El hacer el trabajo – la tarea por sí misma – provee el reforzamiento, no es necesaria la verificación externa. Esto significa que sí debe realizar la tarea para ser recompensado; si no hace la tarea, no hay recompensa.

Existen cuatro tipos de reforzamientos intrínsecos: recompensa intrínseca de tarea, recompensa intrínseca de potencia, reforzamiento intrínseco de afiliación y sentido de misión.

Recompensa intrínseca de tarea: tan sólo el tener la oportunidad de hacer su trabajo es una recompensa en sí misma. Por ejemplo, yo amo enseñar y hacer trabajo de consultoría. Puedo pasar toda la noche en un vuelo e irme inmediatamente después a trabajar sin sentirme cansado. Amo hacerlo. Si me piden hacer el trabajo de contador, poner en balance los números, prefiero que me disparen. Por lo que este tipo de reforzamiento intrínseco depende altamente en sus preferencias personales. Cuando hace lo que le gusta hacer, estará inspirado; ganará energía en vez de gastarla. Cuando hace algo que odia, por otro lado, se siente despojado de energía. Por lo que la tarea por sí misma es un motivador: amo lo que hago, y para recompensarme, sólo déjenme hacerlo.

Recompensa intrínseca de poder: Cuando ejercita su poder sobre la gente, se siente recompensado. En otras palabras, aun si no le gusta la tarea, el hecho de que pueda hacerlo y controlar a la gente implicada es una fuente de reforzamiento. Lo hace sentir potente.

Reforzamiento intrínseco de afiliación: Cada vez que la gente se afilia, que establece una amistad y unas relaciones cercanas, se percibe un sentido de recompensa. Refuerza su comportamiento.

Sentido de misión: El cuarto reforzamiento intrínseco, el cual erré al dejar de reconocerlo durante muchos años, es el más importante. Hace muchos años, durante la guerra de Vietnam, trabajé con el primer ministro de Perú. Estaba dando una plática sobre el tema de recompensas y alguien en la audiencia preguntó, "¿Doctor Adizes, estarán los vietnamitas peleando contra los americanos porque les paguen bien (es decir, por recompensas externas pecuniarias)? ¿Acaso son mercenarios?"

Dije, "No."

"¿Estarán peleando porque les gusta desfilar en el primero de Mayo, heridos, sin piernas pero con muchas condecoraciones y escuchar a todos aplaudirles (es decir, por recompensas extrínsecas no pecuniarias)?"

"No lo creo." Respondí.

"¿Estarán pelando porque les encante pelear (recompensa intrínseca de tarea)? ¿Disfrutarán el pelear y morir?"

Una vez más dije, "No lo creo."

"¿Estarán peleando porque les guste apalear a los americanos, sólo para probar que son débiles (recompensa intrínseca de poder)?"

"No lo creo."

"¿Estarán peleando porque les guste pelear juntos y por disfrutar de la camaradería que obtienen en el combate (reforzamiento intrínseco de afiliación)?"

"No, no es eso."

"¿Entonces, por qué pelean?"

"¡Oh!" Les dije. "¡Por su misión! Tienen un propósito en la vida: unificar a Vietnam."

Éste es el cuarto reforzamiento intrínseco: el cumplimiento de una misión en la cual uno cree incondicionalmente.

Ahora veamos algunos ejemplos para entender mejor estas recompensas.

¿Cómo les llama a la gente que no percibe, o percibe muy poco, salario; sin incrementos de salarios por periodos largos de tiempo; sin reconocimiento; tareas terribles bajo condiciones terribles - en la jungla, plagados de mosquitos, malaria, todo tipo de enfermedades, donde la gente local trata de matarlos? Misioneros. Lo hacen por su misión. La gente en general irá a la guerra en inclusive morirá por su misión. Nada más, sólo la misión. Entonces, completar una misión, el tener y avanzar una misión, es la más poderosa y gratificante recompensa que hay. La gente pedirá poco o nada de dinero, trabajará bajo condiciones terribles, superará el sentimiento de impotencia por periodos de tiempo, superará el rechazo, superará la agresión, lo que sea y continuará su marcha. ¿Por qué? Por que tiene una misión.

¿Qué gente recibe poco o ningún salario, vive en lugares pequeños y no puede costear el comer bien? No tienen poder ni reconocimiento (aunque sueñen en un reconocimiento futuro). Si les preguntas cuál es su misión, no tienen la mínima idea. Pero aman lo que hacen. ¿Quiénes son? Los artistas: pintores, bailarines, músicos. Están decididos a hacer lo que hacen, aun sin dinero ni reconocimiento.

Siguiente, y particularmente interesante: ¿Quiénes no reciben incrementos de salario durante largos periodos, no tienen reconocimiento, con tareas desagradables, repetitivas e ingratas? No tienen misión, no se identifican con ella o ni siquiera saben cuál es. Pero son muy potentes. El poder es su única recompensa. ¿Quiénes son? Los burócratas. Su única recompensa es ejercer su poder sobre la gente que solicita su ayuda: "Venga mañana." "No tiene la forma correcta." "Está parado en la fila equivocada." "Tráigalo la próxima semana." "Vaya y párese allá." "Espere." "Su documentación está incompleta." Lo pueden hacer ir y venir durante todo el día. El hecho de que puedan obligarle a hacer lo que ellos ordenen es su recompensa. Este tipo de persona puede ser también un guardia en la prisión: El salario no es el motivante; ni hay algún tipo de reconocimiento. Su única recompensa es permitirles que controlen a los prisioneros, sentirse superiores a ellos.

Siguiente tipo: Su misión es vaga y su poder limitado, por decir algo. Su tarea puede que sea interesante pero no es la razón por la cual lo hacen. La paga está limitada o sin crecimiento. El único beneficio es la recompensa no pecuniaria, el estatus. ¿Quién es él? El político barato.

Qué hay de la gente que no tienen una misión realmente, sin salario, sin estatus fuera de su propio grupo, que tienen un sentido de poder aunque es ilegítimo y que la tarea en sí no es gratificante. Su sentido de recompensa – lo que refuerza su comportamiento – es la afiliación, el pertenecer unos a otros. ¿Quiénes son? Las pandillas.

Y una más: No conocen su misión, no tienen poder y tiene que evitar hasta la apariencia de ejercer poder. Repiten una tarea una y otra vez, todo el día, todos los días. No hay reconocimiento, ninguno: no eres nadie. Obtienes un salario y ya. ¿Quiénes son? ¡Los trabajadores! Sí, trabajadores, la mayoría de la gente en este planeta.

¿Deberíamos de estar sorprendidos de que los trabajadores hagan huelgas, de que saboteen las máquinas de la fábrica? Cuando lo hacen, se sienten por lo menos algo poderosos y sienten como si tuvieran una misión, aunque sea por la duración de la huelga.

EL VALOR DEL EMPOWERMENT (EMPODERAMIENTO)

PIENSE ACERCA DE ESTO: En general, la misión es más recompensante que el salario. El salario recompensa por solo dos semanas; la misión por mucho más. ¿Tiene la gente de su empresa una misión que sea más que algunas palabras juntas que suenen bonito? ¿Una misión verdadera, hacer algo real por alguien más? Más allá de eso, ¿puede hacer sentir a su gente con el empowerment necesario? ¿Puede tener una gestión participativa? ¿Tiene la gente la oportunidad para hablar? ¿Existe algún forum para quejas y comunicación? ¿Alguien con quién acudir para hablar de sus problemas, alguien quien les pueda ayudar a solucionarlos?

> *Valor para Llevar No. 12:*
>
> *Las recompensas intrínsecas son el mejor sistemas de reforzamientos. Entre más recompensas intrínsecas existan, menor será la necesidad relativa de recompensas extrínsecas.*

Déle empowerment a su gente. Son más que un par de manos; también son cerebros. Déles un sentido de misión y de reconocimiento, una oportunidad de ser escuchados y ellos le darán sus vidas a usted. Cuando la gente sabe hacia dónde van y puede contribuir a la toma de decisiones, si aman lo que hacen, entonces el dinero es mucho menos importante. Por otra parte, si ellos no saben a dónde y por qué la compañía va a donde quiera que vaya; si no tienen poder y no reciben reconocimiento; si sus tareas son aburridas y repetitivas; y la única cosa que reciben es un salario con beneficios marginales (los cuales son considerados parte de un salario), tendrá que pagarles mucho, y sea cuanto sea lo que les pague, no será suficiente. Siempre se quejarán y pedirán más.

Warren Schmid, un colega mío de hace muchos años en UCLA, tenía una parábola interesante.

Como todos sabemos, los golfistas son aficionados. Verdaderamente dedicados al juego. ¿Cómo pudiera usted frustrarlos tan fuertemente como para que odiaran el juego?

Primero, no les deje decidir qué bastón utilizar. Que no tengan ni voz ni voto: "El departamento de ingeniería estudió sus necesidades y debería utilizar este bastón ahora."

Después, que no puedan ver el hoyo. El gerente sólo apunta una dirección y ya. Que el jugador le pegue a la bola en esa dirección, pero en cuanto despegue la misma, que caiga una cortina que le impida saber qué le sucedió a la bola. Y si la bola cae en el lugar adecuado, el jugador no escucha nada acerca del resultado. Pero si cae lejos, que obtenga una reprimenda, tal vez que se le expulse del campo de juego y ya no se le permita jugar ahí de nuevo.

¿Le gustaría jugar golf de esa manera? No sabe cuales son las metas. No sabe los resultados que obtuvo. No tiene ni voz ni voto en cómo hacerlo tampoco. No sería extraño que este golfista le pegara a la bola directo a la cabeza del gerente parado al lado de la cortina. Por lo menos entonces recibiría un poco de retroalimentación.

¿Pero, acaso no es así como dirigimos?

¿QUÉ PUDIERA SALIR MAL?

PARA PODER ser fuerte, estos cuatro subsistemas deben de ser atendidos – de preferencia proactivamente, para evitar la desintegración. Se salen de balance muy rápido. Una organización es como un carro muy sensible: sus partes se desalinean velozmente y es ahí cuando las cosas comienzan a salir mal.

¿Qué, exactamente, puede salir mal? Tome el subsistema de reforzamiento. Digamos que su vecino obtuvo un incremento salarial, mientras usted no ha tenido uno durante mucho tiempo. O que la inflación esta incrementando rápidamente y usted siente que sus recompensas no se han incrementado al mismo ritmo. Por cierto, quiero que sepa algo: Nadie siente que está siendo remunerado financieramente lo suficiente – aun si recibe millones al año, o al día. Y sabemos las razones: el alza del salario tiene un impacto de dos semanas; lo que se percibe como recompensa es la tasa de incremento, en vez del número absoluto, y por definición la tasa de incremento no puede ser infinita.

¿Qué más puede salir mal? El ambiente ha cambiado, tornando irrelevante su misión y su estrategia. O la estructura de responsabilidades, establecida en algún punto del pasado, ya no atiende adecuadamente los requerimientos de la misión y de la estrategia del futuro. O puede que la autoridad esté demasiado centralizada para reaccionar rápidamente a situaciones locales.

Todas estas discontinuidades ocurren porque la situación externa ha cambiado. Lo que tenemos del pasado no se alinea con lo que tenemos en el presente y con lo que tendremos en el futuro.

Finalmente, el sistema de reforzamientos pudiera estar reforzando las conductas equívocas y penalizando las correctas: Por ejemplo, la organización sigue recompensando los logros individuales, mientras bajo la nueva estructura la necesidad existente es la del trabajo en equipo. En ese caso, el subsistema de reforzamiento está reflejando las necesidades del pasado en lugar de las presentes o las futuras.

Todos estos subsistemas vibran con el cambio y se reconfiguran constantemente. Las estructuras de autoridad y de responsabilidad no son fijas; siempre se están moviendo. A lo mejor un colega sea reemplazado por alguien quien claramente tenga más poder que su colega pasado; eso por sí mismo puede hacerle sentir menos poder a usted, porque ahora tiene que enfrentarse con él.

Y no olvide que las responsabilidades cambian conforme al mercado. Ellas – en conjunto con su estrategia y sus tácticas - no pueden permanecer fijas. Esa es la razón por la cual en cualquier organización la gente no puede ser feliz todo el tiempo, ni siquiera por un tiempo prologado. Si estos cuatro subsistemas estuvieran fijos e iguales – si todo fuera perfecto por demasiado tiempo – eso significaría que no hubiera habido ningún cambio. Y usted sabe lo que eso significa: que estaría muerto.

En las organizaciones que están vivas, la gente está periódicamente infeliz. Si están vivos, están cambiando, y el cambio siempre está acompañado por el estrés. Hay un cuestionario utilizado por los psicólogos el cual otorga cierta cantidad de puntos de estrés para diferentes eventos: perder un trabajo, tantos puntos; divorcio, tantos puntos; la muerte en la familia inmediata, tantos puntos; irse de vacaciones, tantos puntos. ¿Cuál es el común denominador? Cambio. Por lo que entre más ágil sea una compañía, más será lo que cambie y más estresadas estará su gente - a menos de que los cuatro subsistemas sean realineados, a menos que la gente crea que la organización será realineada, a menos que haya esperanza de que la miseria de no poder desempeñar sus responsabilidades correctamente o de que no estén adecuadamente recompensados será tratada.

Valor para Llevar No. 13:

Si todos en su organización están contentos por demasiado tiempo, puede que la organización no sea lo suficientemente dinámica; puede que esté fallando al gestionar el cambio. La única otra explicación es que usted ya está haciendo lo adecuado: alineando y realineando los subsistemas constantemente.

En compañías que están muertas, la gente está feliz. En las burocracias, siempre encuentro mucha gente complaciente. Porque nada nuevo está sucediendo. Creo que probablemente hubieron más personas felices en la Rusia comunista que bajo el sistema capitalista de hoy, porque bajo el comunismo nada nuevo jamás sucedía; todo estaba congelado. Más allá de la cara que le mostraban al mundo - Sputnik, la bomba atómica – su tecnología estaba inmóvil. Sus parques industriales estaban completamente obsoletos. Su arte estaba paralizado. Eran pobres. Pero parecían contentos a menos que tuvieran la necesidad de levantar la voz.

¿Qué necesita, como líder, hacer usted? Debe de ser un buen mecánico, constantemente arreglando su organización. Es un trabajo demandante. Reestructure el organigrama organizacional, redefina la autoridad, rehaga las recompensas, rehaga su estrategia, empiece de nuevo. Si no lo hace, los subsistemas estarán permanentemente desbalanceados y fuera de control, es ahí cuando la gente pierde la esperanza y dice, "Nada funciona aquí." Si usted ha tenido experiencia de dirigir lo que sea, usted sabe lo que sucede cuando la gente pierde la esperanza y se vuelve apática.

DEBERÍAMOS HABERLO VISTO VENIR

UN BUEN EJEMPLO DE un subsistema desintegrándose es la crisis financiera actual, la cual mucha gente predijo. Pero aun cuando la gente la veía venir, nadie supo de quién era la responsabilidad de tratar de solucionarlo. Nadie sabía quién tenía la autoridad de hacer los numerosos cambios necesarios para evitar la crisis.

¿Cómo saber cuando los problemas eran predecibles? En 1982, trabajé con Bank of America. En ese tiempo era uno de los bancos más grandes del mundo, con $120,000 millones en activos, pero era muy burocrático. Estaba perdiendo participación de mercado y yendo cuesta abajo. Necesitaban cambiar de dirección y me invitaron para ayudarles.

Les dí mis servicios de consultoría durante tres años. Trabajé en cercanía con uno de los altos ejecutivos y en una noche mientras tomábamos un trago, el me reveló algo que verdaderamente me sorprendió. Dijo: "Ichak, ya no sabemos lo que está sucediendo realmente. Con todos estos derivados de efectivo, equivalentes de efectivo y todos los nuevos instrumentos financieros, estamos perdiendo el control. Cada vez sabemos menos lo que está sucediendo."

Alguna vez volé con Mike Milken, el "rey" de los bonos basura quien fue a prisión por fraude de valores en los 80s. Le pregunté: "¿Mike, cuándo supiste que irías a prisión?"

"Mucho antes de que me levantaran cargos." Dijo.

"¿Cómo es posible?"

"Porque estaba expidiendo tantos bonos basura, que supe que el gobierno se estaba preocupando. No sabían como gestionar este fenómeno, y si no tienes ningún precedente, no sabes lo que sucederá. Tenían miedo de que si los bonos basura incumplían masivamente, se produjera un efecto dominó en la economía. Por lo que tenían que detenerme de alguna manera y estaban buscando alguna excusa. Y la encontraron. Y lo vi venir."

Escapamos el desastre potencial de los bonos basura, pero los vastos cambios en las estructuras del mercado de capitales seguían desarrollándose. Las raíces de la crisis financiera actual, tal como en los 80s, abarcan un numero de fenómenos sin precedentes en la historia de los servicios financieros. Me atrevería a decir que la realidad económica dejó atrás la teoría económica. Había poco o nada en la teoría económica que tratara este tema. Nadie estaba viendo la totalidad, porque por lo menos alguna parte de ella nunca había sucedido.

Por lo que la colisión tenía que suceder. Pero como dije anteriormente, aquellos que sabían qué hacer en una crisis saldrán ganadores. Y aquellos que no sepan qué hacer estarán perdidos en el desierto.

"SOCIEDAD EN ESCAMA"

EL MUNDO EN el que vivimos no sólo está cambiando cada vez más rápido sino también está creciendo más intensamente. Desde las sociedades "atomísticas" (separadas) que alguna vez tuvimos, nos estamos moviendo hacia una sociedad de "escamas". ¿Qué significa esto? Si observa las escamas de un pez, se dará cuenta que se superponen. Y eso está sucediendo en todos lados. Es por eso por lo que hay tanta intensidad: los problemas económicos también son problemas políticos, los problemas políticos son también sociales. Los cambios tecnológicos y los problemas tienen un impacto en las sociedades, economías y en la política. Nada está separado ya. Todo esta interrelacionado.

En las universidades en el pasado no muy lejano, había departamentos separados de biología, química, matemáticas, sociología, antropología. Ahora tiene el departamento de biología química, matemáticas físicas y socio-antropología. ¿Qué está sucediendo? Todo se está superponiendo.

Lo puede ver en la moda actual: se llama "unisex". Hombres y mujeres tienen el mismo corte de pelo. Portan las misma ropa.

Y en la política, cada vez más, las fronteras nacionales sólo existen en los mapas. No existen en la realidad. ¿Por qué? Porque el aire no reconoce las fronteras: Yo vivo en California, pero respiro la contaminación del aire producida en China. El viento trae la contaminación desde China hasta California.

El agua no conoce las fronteras tampoco. Contamine el agua ahí y nos afectará también acá. No puede hacer que las estaciones de televisión dejen de transmitir a través de las fronteras. ¿Entonces qué es lo que "frontera" significa todavía? ¿Qué importancia puede tener en la nueva realidad en la que vivimos? ¿Dónde están los guardias de seguridad quienes herméticamente protegen las fronteras?

Valor para Llevar No. 14:

Debido a que nuestro mundo se está convirtiendo cada vez más interdependiente, necesitamos soluciones integradoras sistémicas.

El problema es que, a pesar de que en la realidad estamos viviendo en una sociedad global, todavía pensamos como entidades aisladas. No sabemos como trabajar en conjunto. Hasta las Naciones Unidas son sólo una acumulación de numerosos intereses nacionales. Nadie representa realmente al mundo como una entidad unida. Nadie se preocupa por la interdependencia; todos están viendo por sí mismos. Mientras todo en el mundo se está interrelacionando, todavía pensamos atomísticamente y nuestras instituciones globales lo reflejan. Esto se convertirá cada vez más en un problema, manifestándose como una crisis global. Debido a que vivimos en un ambiente escamado, las crisis financieras tendrán repercusiones políticas y sociales que serán crisis por sí mismas.

Otra manera de mostrarlo es que nuestros problemas se hacen cada vez más sistémicos. Los problemas sistémicos necesitan soluciones sistémicas, las cuales necesitan líderes sistémicos y orientación sistémica para esos líderes. Es por eso que no puede resolver una crisis tan sólo despidiendo al 20 por ciento de su gente; eso es como la liposucción. Necesita trabajar con todos los subsistemas en su compañía. Si usted es un primer ministro, tiene que trabajar en todos los componentes de la sociedad - económicos, tecnológicos, sociales – al mismo tiempo. Y eso es una gran tarea.

Es por lo que veo la necesidad de cambios de paradigmas en nuestra educación gerencial. No tenemos suficiente educación sistémica. Enseñamos demasiada educación funcional – demasiadas finanzas, economía, contabilidad, marketing, recursos humanos. ¿Pero quién está viendo la totalidad? Esa es la verdadera educación gerencial. Y eso es lo que necesitamos.

CAMBIANDO VALORES, CAMBIANDO COMPORTAMIENTOS

AL PRINCIPIO de este libro, la crisis fue definida como un importante punto de partida en donde debe tomar una decisión. La palabra tiene sus orígenes en el griego y significa: está usted ahora en una situación donde tendrá que tomar una decisión seria. No algo más o menos de lo mismo, sino diferente.

Una crisis no necesita pensamiento lineal. Significa reinventar el sistema, no sólo enredarse con el sistema. En el habla gerencial, este no es el caso de mejora continua. Es tiempo de desarrollar nuevos productos y posiblemente sea el tiempo de desarrollar nuevas tecnologías.

Creo que el materialismo y la ambición de tener más, y más, y más, dinero, dinero, dinero, está jugando en nuestra contra. A menudo se necesita esta motivación de "haz dinero, haz dinero" para construir algo. Necesitamos la ambición y el materialismo para construir el país. El "modelo de negocios" esta jugando en contra nuestra ahora: estamos contaminando el aire, estamos contaminando la tierra, estamos contaminando el agua, estamos creando basura destructiva. Y, tristemente, ni siquiera nos estamos divirtiendo: cuando trabajo en un país en vías de desarrollo, escucho más risas en un día de las que escucho en un año en un país desarrollado. La gente no tiene tiempo para reírse. Todos están trabajando, el tiempo es dinero, tenemos que hacer más, más, más y más.

Pero más, más y más no significa mejor; algunas veces aumenta el estándar de vida, pero disminuye la calidad de vida. Por lo que tenemos que cambiar nuestras metas y nuestra dirección. Nuestra meta siempre ha sido el crecimiento económico, y eso es lo que hemos medido. El crecimiento económico se convirtió en una religión.

Alguien recientemente me preguntó, "¿Si cambiáramos nuestros valores, se detendría el crecimiento económico?" Y dije, "Eso espero." Porque más no es mejor; más es hacerse menos. Lo puede ver ya en los países desarrollados y en aquellos en vías de desarrollo: dos autos por familia, tres autos por familia – ¿y qué sucede en las calles? Tráfico. Contaminación. El estándar de vida se incrementa, pero la calidad de vida se disminuye.

Necesitamos cambiar nuestras metas como sociedad, de altos estándares de vida a mejor calidad de vida. Para medir la calidad de vida, podemos usar indicadores sociales: índice de divorcio, crimen, embarazos adolescentes, cuántos niños terminan el bachillerato. Tenemos que dejar de ver el crecimiento económico y enfocarnos en vez a las metas sociales.

Valor para Llevar No. 15:

Es tiempo de que los países desarrollados

reconozcan que en cierto punto, si el estándar de vida se eleva, la calidad de vida se disminuye.

El crecimiento económico está bien y el efectivo es importante, pero hasta cierto límite. Si ya ha construido el país, es tiempo de decir, "Suficiente es suficiente." Existen algunas personas muy inteligentes que ya han dicho, "¡Suficiente! Tengo una casa, tengo un auto. Ahora quiero vivir." Es lo mismo para un país. Ahora debemos de vivir mejor.

EN RESUMEN

EL CAMBIO ES INEVITABLE, mientras estemos vivos. Esto siempre ha sido verdad; lo que es diferente es que hoy, los cambios suceden con más frecuencia y con más intensidad, y por eso encaramos más problemas con una frecuencia creciente. Debido a que cada día somos más interdependientes, un problema allá casi inmediatamente se sentirá aquí.

Cada vez que haya cambios, habrá problemas, los cuales son causados por la desintegración. La desintegración es lo que ocurre cuando los subsistemas de una organización se desalinean. Esta teoría aplica no sólo a compañías sino también a individuos, familias y naciones. Uno de los peores aspectos de la desintegración actual es que nuestros valores sociales han sido lentos para responder al progreso tecnológico, lo que nos ha dejado sin un marco moral para tratar con los problemas que la tecnología provoca.

Los problemas que no son atendidos se convierten en crisis. Pero sin importar si están tratando con problemas o crisis, las organizaciones fuertes tomarán los pasos para convertirse en más fuertes, mientras las débiles se paralizarán, esperarán o no sabrán que hacer. O tomarán sólo medidas parciales, lo que es como tomar algo pero no toda la medicina que necesita tomar. Este tipo de comportamiento puede ser fatal.

La crisis es un desastre para los débiles, pero una oportunidad para los fuertes, ya que si no hubiera cambio, los mediocres los alcanzarían. Entonces, las compañías fuertes le dan la bienvenida a las crisis, la cual tiende a eliminar a la competencia.

¿Y qué significa ser fuerte? Significa ser capaz de arreglárselas exitosamente con el cambio, más rápido y mejor que la competencia. Para eso, necesita integración; la integración es la cura para la desintegración, la cual es la consecuencia del cambio. Continuamente alinee y realinee los cuatro subsistemas. No es suficiente hacerlo una sola vez y después regresar a gestionar el negocio como antes. Es una tarea que nunca se acaba.

La integración debería suceder en múltiples niveles: dentro de sí mismo, con su familia y amigos y con sus empleados y clientes.

Es mejor atender una crisis proactivamente, preparándose para los problemas típicos de esa etapa. Si es demasiado tarde para hacerlo proactivamente, también puede ser hecho reactivamente. Esencialmente, debe adaptarse al ambiente cambiante al alinear los cuatro subsistemas de la organización: misión y estrategia, responsabilidades, autoridad y reforzamientos, en ese orden. Al mismo tiempo debe monitorear su torrente sanguíneo: su efectivo.

Una manera en la que compañías fuertes tratan con la crisis es por medio de "formar un círculo con los vagones" y pelear juntos contra el enemigo. Para poder hacer eso, la gente en la organización debe confiar unos en otros. Pero la confianza no se puede desarrollar en un instante; debe de ser nutrido a través del tiempo, o si no, no estará ahí cuando se necesite.

En una crisis es crucial mantener el flujo de efectivo y proteger su capital humano. La tendencia usual es despedir gente en pos de reducir costos. Esa no es la mejor opción, ya que la gente forma parte de los músculos y del cerebro de su organización, y son el componente principal de la cultura de su organización. La cultura es muy difícil de construir y de mantener; entonces, despedir a la gente debería ser su último recurso. Si descubre que debe cortar los costos laborales, reduzca las horas de trabajo de la gente en vez de despedir a la gente; de esa manera, mantendrá sus activos mientas reparte el dolor financiero entre todos los empleados.

Si mantiene a sus empleados y éstos tienen tiempo extra, asígneles el mejorar y hacer una reingeniería de los productos y estrategias de la compañía. Después de todo, de repente su compañía tiene tiempo para pensar, el cual no tenía cuando estaba saturado de trabajo debido al crecimiento de la compañía.

Haga de una crisis el punto de inflexión en su compañía para fortalecer las relaciones y para innovar.

Debido a que nuestro ambiente se está volviendo cada vez más interrelacionado (sociedad en escama), nuestros problemas se están volviendo cada vez más sistémicos y requieren soluciones sistémicas, para las cuales necesitamos líderes sistémicos y consultores sistémicos. Estos es por qué nuestro sistema de educación gerencial necesita cambiar su enfoque principal de la función (finanzas, economía, marketing, etc.) a la totalidad, el sistema.

ABOUT THE ADIZES INSTITUTE

DURANTE LOS ÚLTIMOS 35 AÑOS, Sobre el Instituto Adizes

Durante los últimos 35 años, el Instituto Adizes se ha comprometido en entrenar a líderes visionarios, equipos directivos y agentes de cambio para convertirse en líderes de su industria y mercados. Estos líderes han establecido con éxito una cultura organizacional colaborativa mediante el uso de herramientas y conceptos pragmáticos de Adizes para lograr el máximo rendimiento organizacional.

Adizes se especializa en guiar a estos CEOs, equipos de alta gerencia y empresarios a resolver de manera rápida y efectiva problemas tales como:

- Dificultades para ejecutar buenas decisiones.
- Hacer la transición del emprendimiento a la gestión profesional.
- Dificultades al alinear la estructura de la organización para lograr su objetivo estratégico.
- Burocratización: cuando una organización se está desconectando del mercado y pierde vitalidad empresarial.
- Conflictos entre fundadores, propietarios, miembros de consejo, accionistas y familiares.
- Conflictos internos entre el equipo de gestión y la política que divide a la organización lo suficiente como para inhibir el éxito del negocio.
- Dificultades relacionadas al crecimiento de la organización.
- "Choques culturales" entre empresas que se someten a fusiones o adquisiciones.

Adizes también ofrece capacitación integral y certificación para líderes de cambio que desean incorporar a su práctica las Metodología Adizes para administrar el cambio.

Para obtener más información sobre estos y otros programas, visite: www.adizesbookstore.com

OBRAS COMPLEMENTARIAS SELECCIONADAS POR EL DR. ADIZES

Videos recomendados: Serie de videos de manejo de la línea de fondo, Santa Bárbara, CA: Publicaciones del Instituto Adizes, 2006.

1. How to Define an Organization's Mission (18: 33 min.)
2. What is First: Strategy or Structure? (23: 24 min.)
3. The Signs of Organizational Aging (13: 09 min.)
4. From Entrepreneurship to Professional Management (24: 32 min.)
5. Management and Mismanagement Styles (32: 40 min.)
6. How to Hire the Right People (21: 25 min.)
7. How to Delegate (13: 38 min.)
8. The Ideal Executive (19: 06 min.)
9. What is a Leader? (16: 33 min.)
10. The Secret of Success of Any Organization (25: 36 min.)

LIBROS ADICIONALES DEL AUTOR

1. Adizes, I. Industrial Democracy: Yugoslav Style. New York Free Press, 1971. Reprinted by Adizes Institute Publications, 2006.
2. Adizes, I. & E. Mann-Borgese, eds. Self-Management: New Dimensions to Democracy. Santa Barbara, CA: ABC-CLIO, 1975. Reprinted by Adizes Institute Publications, 2009.
3. Adizes, I. How to Solve the Mismanagement Crisis. Homewood, IL: Dow Jones/ Irwin, 1979. Reprinted by Adizes Institute Publications, 2006.
4. Adizes, I. Corporate Lifecycles: How & Why Corporations Grow and Die and What to Do About It. Santa Barbara, CA, Prentice Hall, 1988-89. Prentice Hall. Reprinted by Adizes Institute Publications, 2006.
5. Adizes, I. Mastering Change: The Power of Mutual Trust and Respect in Personal Life, Family, Business & Society. 1st Edition. Santa Barbara, CA: Adizes Institute Publications, 1992.
6. Adizes, I. The Pursuit of Prime. Santa Monica, CA: Knowledge Exchange, 1996. Reprinted by Adizes Institute Publications.
7. Adizes, I. Managing Corporate Lifecycles: An Updated and Expanded Look at the Classic Work Corporate Lifecycles. Paramus, NJ: Prentice Hall Press, 1999. Reprinted by Adizes Institute Publications, 2004.
8. Adizes, I. The Ideal Executive: Why You Cannot Be One and What to Do About It. Santa Barbara, CA: Adizes Institute Publications, 2004.
9. Adizes, I. Management/ Mismanagement Styles: How to Identify a Style and What to Do About It. Santa Barbara, CA: Adizes Institute Publications, 2004.
10. Adizes, I. Leading the Leaders: How to Enrich Your Style of Management and Handle People Whose Style Is Different from Yours. Santa Barbara, CA: Adizes Institute Publications, 2004.
11. Adizes, I. How to Manage in Times of Crisis, (And How to Avoid a Crisis in the First Place) Santa Barbara, CA: Adizes Institute Publications, 2009.
12. Adizes, I. Insights on Policy: Vol I. Santa Barbara, CA: Adizes Institute Publications, 2011.

13. Adizes, I. Insights on Personal Growth: Vol I. Santa Barbara, CA: Adizes Institute Publications, 2011.
14. Adizes, I. Insights on Management: Vol I. Santa Barbara, CA: Adizes Institute Publications, 2011.
15. Adizes, I. Managing Corporate Lifecycles: Vol I. Santa Barbara, CA: Adizes Institute, 2012.
16. Adizes, I. Food for Thought: On Management. Santa Barbara, CA: Adizes Institute Publications, 2013.
17. Adizes, I. Food for Thought: On Change and Leadership. Santa Barbara, CA: Adizes Institute Publications, 2013.
18. Adizes, I. Food for Thought: On What Counts in Life. Santa Barbara, CA: Adizes Institute Publications, 2013.
19. Adizes, I. Insights on Policy: Vol II. Santa Barbara, CA: Adizes Institute Publications, 2014.
20. Adizes, I. Insights on Personal Growth: Vol II. Santa Barbara, CA: Adizes Institute Publications, 2014.
21. Adizes, I. Insights on Management: Vol II. Santa Barbara, CA: Adizes Institute Publications, 2014.
22. Adizes, I. Conversations with CEOs. Santa Barbara, CA: Adizes Institute Publications, 2015.
23. Adizes, I. Managing Corporate Lifecycles: Vol II. Santa Barbara, CA: Adizes Institute Publications, 2015
24. Adizes, I. with Yechezkel & Ruth Madanes. The Power of Opposites. Santa Barbara, CA: Adizes Institute Publications, 2015.
25. Adizes, I. Insights on Management: Vol III. Santa Barbara, CA: Adizes Institute Publications, 2018.
26. Adizes, I. Insights on Personal Growth: Vol III. Santa Barbara, CA: Adizes Institute Publications, 2019.

CONTACTO EN MÉXICO

Adizes Institute Associates & Rep. México

Tels + 52 (81) 4593-0035

+ 52 (33) 3189-3350

mexico@adizes.com

adizes.com.mx

Dr. Ichak Kalderon Adizes

El Dr. Ichak Kalderon Adizes es el fundador y director general del Instituto Adizes, una empresa internacional de gestión del cambio con domicilio social en Santa Bárbara, California, que imparte el Programa Adizes para la Transformación Organizativa, que proporciona herramientas a las empresas, gobiernos y organizaciones complejas para lograr resultados excepcionales y gestionar el cambio acelerado sin conflictos destructivos. El Dr. Adizes es un best-seller internacional y ha publicado veintiséis libros traducidos a un total de treinta y tres idiomas. Como educador, ha enseñado administración en universidades de todo el mundo. El Dr. Adizes da conferencias en cuatro idiomas y se ha presentado ante más de doscientos cincuenta mil ejecutivos de alto nivel en más de cincuenta y dos países. En reconocimiento a sus contribuciones a la teoría y la práctica de la gestión, ha recibido veintiún doctorados honoríficos y varios premios. El Dr. Adizes es un sobreviviente del Holocausto. Está casado y tiene seis hijos adultos. Viviendo en Santa Bárbara, le encanta tocar el acordeón, meditar y practicar yoga.

www.ingramcontent.com/pod-product-compliance
Lightning Source LLC
LaVergne TN
LVHW020049110826
845155LV00029B/702